홍성남 신부와 함께하는
마음 일기

홍성남 신부와 함께하는 마음 일기

2023년 9월 18일 교회 인가
2024년 9월 2일 초판 1쇄 펴냄
2025년 1월 17일 초판 2쇄 펴냄

지은이 · 홍성남
펴낸이 · 정순택
펴낸곳 · 가톨릭출판사
편집 겸 인쇄인 · 김대영
편집 · 박다솜, 강서윤, 김소정, 김지영
디자인 · 강해인, 송현철, 이경숙, 정호진
마케팅 · 황희진, 안효진

본사 · 서울특별시 중구 중림로 27
등록 · 1958. 1. 16. 제2-314호
전자우편 · edit@catholicbook.kr
전화 · 1544-1886(대표 번호)
지로번호 · 3000997

ISBN 978-89-321-1912-0 03230

값 12,000원

ⓒ 홍성남, 2024.

이 책은 저작권법에 의해 보호를 받는 저작물이므로 무단 전재와 무단 복제를 금합니다.
이 책 내용의 전부 또는 일부를 사용하려면 반드시 저작권자와 가톨릭출판사의 서면 동의를 받아야 합니다.

가톨릭의 모든 도서와 성물, 디지털 콘텐츠를 '가톨릭북플러스'에서 만날 수 있습니다.
https://www.catholicbookplus.kr | (02)6365-1888(구입 문의)

홍성남 신부와 함께하는

마음 일기

A Diary of My Heart

홍성남 지음

가톨릭출판사

머리말

매일 내 마음을
돌아보기 위하여

    심리학자 융은 인격 전체를 정신이라고 말합니다. 정신은 의식적, 무의식적인 모든 사고와 감정, 행동을 포함합니다. 정신이란 개념은 하나의 전체입니다. 사람은 여러 부분을 주워 모아 만든 존재가 아닙니다. 벽이나 기둥 같은 부분을 모아 집을 만드는 것처럼, 경험과 학습을 통해 여러 부분을 쌓아서 사람을 만들 수는 없습니다. 사람은 전체성을 추구하는 것이 아니라 이미 전체성을 갖고 있으며, 하나의 전체로 태어난 존재입니다. 사람이 일생 동안 해야 할 일은 이 타고난 전체성을 최고도의 일관성을 이루고 조화롭게 발전시키는 것입니다. 그것이

제각기 흩어져 제멋대로 움직이고, 갈등을 일으키고, 분열되는 것을 막는 것입니다. 분열된 인격이란 왜곡된 인격인데, 환자가 잃어버린 정체성을 되찾고 정신을 강화하여 장래의 분열에 저항하도록 돕는 것이 심리 치료입니다. 그런 의미에서 심리 치료의 궁극적인 목표는 정신 통합입니다.

　이것은 신앙생활에도 그대로 적용됩니다. 하느님께서 '보시니 좋더라.' 하신 우리 모습을 되찾는 것이 신앙생활과 영성 생활의 목표입니다. 그러기 위해서는 심리적 자기 이해를 해야 합니다. 심리적 자기 이해란 상담자와 함께 자신의 내면을 탐색하는 것입니다. 하느님 안에서 자신과 연관된 모든 면을 드러내고 함께 탐색함으로써, 좀 더 깊은 자기 이해에 도달하는 것입니다. 이런 자기 이해는 자신의 내면에 존재하는 심리적 고통의 원인을 명확하게 보게 해 주고, 그 원인을 변화시킴으로써 자신을 새롭게 체험케 해 줍니다. 분열된 자아가 아닌 통합된 자아를 체험하게 해 주는 것입니다.

　그렇다면 분열된 자아의 특징은 무엇이고, 통합된 자아는 어떤 상태를 말할까요? 분열된 자아는 말 그대로 사람과 사람 사이를 갈라놓으려고 합니다. 미움, 험담, 시기, 질투 등 교회에서 말하는 죄는 '분열된 자아'가 일으키는 것들입니다. 통합된 자아는 수용, 존중, 배려와 같은 감정을 불러일으켜 모두 함께 사는 세상을 만들고 싶어 합니다. 그래서 신앙생활이란 분열된 자아, 미성숙하고 거친 자아를 성숙하고 관대한 통합된 자아로 만들어 가는 삶이라고 합니다. 주님께서 '하나 되게 하소서.'라고 말씀하신 것은 통합을 의미하신 것입니다. 사람이 내적으로 어느 정도 통합되어 있는지는 성숙의 지표로 나타나고, 내적 분열의 상태로 신경증적 증세를 알 수 있습니다.

상담을 하다 보면 죄가 아닌 것을 죄라고 생각하고 자신을 질책하는 분들을 보곤 합니다. 특히 화를 낸 것에 대하여 죄스러워하는 분들이 의외로 많습니다. 심지어 마음 안에 분노가 생긴 것까지도 죄라고 여기는 분들을 보면 안쓰러운 마음이 듭니다. "왜 화를 내는 것을 죄라고 생각하세요?" 하고 물어보면 거의 모든 사람이 주님께서 화내지 말라고 하지 않으셨냐고, 본당 신부님도 화내는 것은 물론 마음 안에 분노를 품은 것도 죄라고 하셨다고 합니다. 그렇다면 주님께서는 정말 화를 내신 적이 한 번도 없는 온유한 분이셨을까요? 천만의 말씀입니다. 성전에서 상인들이 장사하는 것을 보고 상을 뒤집어엎으셨을 정도로 주님께서는 다혈질이셨습니다. 세상의 불의를 보면 늘 참지 못하셨던 분이셨습니다. 영성 심리에서는 분노라는 감정에 대해 이렇게 말합니다.

"우리가 겪는 정서상의 문제를 가중시키는 것은 우리 자신의 인간적 속성 그리고 자신의 감정에 대한 오해와 두려움이다. 이런 오해가 주님의 메시지에 대한 오해와 결부될 때 심한 내적 혼란을 겪게 된다. 인간적 속성과 주님의 메시지의 양립성에 대한 오해에서 비롯되는 이런 혼란은 불필요한 고통, 병적인 죄책감, 수치심을 유발한다. 죄는 우리가 느끼는 감정에 존재하는 것이 아니라 우리가 행하는 부적절한 행위에 존재한다. 즉, 감정은 내 마음에 문제가 생긴 것일 뿐 그것 자체가 죄가 아닌 것이다."

고해성사를 볼 때 마음 안에 분노를 품었다고 고해하면 더 힘들어집니다. 그런 때는 분노를 해소해야지, 자신을 죄인처럼 여겨서는 안 됩니다. 감정을 조절하는 일은 감정의 수용과 감정의 표현을 통하여 이루어집니다. 그러려면 어떤 감정이 나의 내면에 자리 잡았는지에 대한 심리적 통찰이 필요합니다. 무의식 속에 억압된 감정은 어떤 형식으로든 표출되기 마련입니다. 사람은 충족 과정이나 좌절 과정에서 나름대로의 감정을 갖게 됩니다. 그런데 감정 자체를 공격적, 적대적으로 사용한다고 보기에 감정을 드러내지 않는 것을 바람직하다고 여깁니다. 그

때문에 신경증적 삶을 사는 사람들이 늘어나는 추세입니다. 그러나 힘든 경험 속에서 명료한 언어를 구사할 줄 알면, 현실의 갈등을 해결하지 못했다 하더라도 자기 안의 갈등을 해결할 수 있습니다.

감정을 돌아보는 마음 일기를 쓰는 것은 이러한 갈등을 해결하는 데 도움이 됩니다. 자기 마음 안의 시시콜콜하고 불편한 감정을 글로 쏟아 내는 것은 마음 건강에 참으로 중요합니다. 감정을 소홀히 하는 것은 운동을 하지 않아 몸의 건강을 해치는 것과 같습니다. 이 책과 함께 마음 건강을 위해 매일 감정 일기를 써 보시기 바랍니다. 점차 달라지는 자신을 느끼게 될 것입니다.

마음 사전

다양한 감정 표현을 통해, 내 마음을 정확히 들여다보세요.

걱정하다
안 좋은 일이 생길까 봐 불안하다.

고맙다
누군가 나에게 호의를 베풀어 줬을 때 마음이 흐뭇하다.

괴롭다
몸이나 마음이 힘들고 고통스럽다.

기쁘다
마음이 즐겁고 행복하다.

밉다
마음에 들지 않아 눈에 거슬린다.

부끄럽다
남들에게 좋지 않게 보일까 봐 창피하다.

부럽다
남을 보고 나도 갖고 싶거나 되고 싶어 하다.

불안하다
마음이 놓이지 않고 걱정되다.

서럽다
억울하고 슬프다.

서운하다
기대에 못 미쳐 섭섭하다.

속상하다
마음이 아프고 기분이 나쁘다.

슬프다
마음이 괴로워 눈물이 나올 것 같다.

우울하다
기분이 가라앉고 무기력하다.

원망하다
누구를 탓하거나 미워하다.

유쾌하다
기분이 아주 즐겁고 상쾌하다.

자유롭다
어떤 제약 없이 마음대로 할 수 있어 해방감을 느끼다.

짜증난다
마음에 들지 않는 불편한 상황 때문에 화가 나다.

창피하다
부끄럽고 수치스럽다.

초조하다
마음이 불안하고 조급하다.

편안하다
마음이 편하고 걱정 없이 좋다.

긴장하다
마음이 불안하고 조마조마하다.

답답하다
어떤 문제가 풀리지 않아 마음이 갑갑하다.

두렵다
무서워서 불안하다.

만족스럽다
마음이 부족함 없이 충분하고 넉넉하다.

불편하다
마음이 편하지 않고 괴롭다.

불행하다
삶에서 기쁨이나 만족감을 느끼지 못하다.

비참하다
매우 슬프고 끔찍하다.

뿌듯하다
기쁨이나 감격이 마음에 가득 차서 벅차다.

실망스럽다
바라던 일이 뜻대로 되지 않아 아쉽다.

억울하다
부당한 일을 당해 분하고 답답하다.

언짢다
어떤 상황, 말, 행동이 마음에 들지 않아 기분이 나쁘다.

외롭다
혼자라고 느끼면서 의지할 곳이 없어 쓸쓸하다.

죄스럽다
죄지은 듯하여 마음이 편하지 않다.

즐겁다
마음에 거슬림이 없이 좋고 행복하다.

지겹다
넌더리가 날 정도로 반복되어서 지루하다.

질투하다
다른 사람을 샘내고 부러워하다.

평화롭다
마음이 편안하고 안정되어 평온하다.

행복하다
생활에서 충분한 만족과 기쁨을 느끼다.

홀가분하다
걱정이나 부담이 없어 마음이 가볍다.

화나다
기분이 나쁘고 분노가 차오르다.

60일 마음 기록

앞에서 살펴본 여러 가지 감정을 떠올리며, 매일 내 마음과 기분이 어땠는지 감정을 기록해 보아요.

일	월	화	수

월

목	금	토	

일	월	화	수

목	금	토	
			월

차례

머리말 • 5
마음 사전 • 10
60일 마음 기록 • 12

1장
내 마음을 들여다보는 순간

1Day	불편하다 • 피할 수 없는 감정이 다가올 때	22
2Day	짜증난다 • 짜증을 줄이는 방법	24
3Day	두렵다 • 주님 앞에 설 자격이 없다는 생각	26
4Day	괴롭다 • 자신을 다그치거나 몰아붙인다면	28
5Day	걱정하다 • 걱정도 팔자	30
6Day	질투하다 • 다른 사람을 단죄하고 싶을 때	32
7Day	답답하다 • 조그만 일에도 쉽게 상처 입는 사람	34
8Day	밉다 • 미운 놈 떡 하나 더 주기	36
9Day	화나다 • 분노를 없애야 할까	38
10Day	무섭다 • 지나친 죄의식에서 벗어나기	40
11Day	초조하다 • 내가 쓸모없는 존재 같다고 느낄 때	42
12Day	분하다 • 분노의 시작	44
13Day	불행하다 • 내가 나를 싫어하면	46
14Day	싫다 • 미움 그 괴로운 감정	48
15Day	죄스럽다 • 자비로우신 하느님 아버지	50

2장
내면의 소리에 귀 기울이기

16Day	서럽다 • 울어야 산다	54
17Day	지겹다 • 변화가 필요한 순간	56
18Day	언짢다 • 불평하는 습관이 문제인 이유	58
19Day	외롭다 • 외로움이라는 지독한 감정	60
20Day	심란하다 • 작은 죄들	62
21Day	열받다 • 현명한 사람은 화를 키우지 않는다	64
22Day	겁나다 • 마음이 병든 사람들	66
23Day	거북하다 • 무소유의 심리	68
24Day	비참하다 • 죽고 싶을 정도로 외로운 날	70
25Day	괘씸하다 • 일방적인 관계의 문제점	72
26Day	원통하다 • 참을 인 자 셋이면 살인도 면한다	74
27Day	속상하다 • 아무것도 내 뜻대로 되지 않을 때	76
28Day	우울하다 • 내가 행복한 자리를 찾아서	78
29Day	원망하다 • 인생은 선택의 연속	80
30Day	불안하다 • 마음의 이중성	82

3장

영적 에너지를 충전하는 법

31 Day	믿음 • 우리를 지켜 주는 것	86
32 Day	기도 • 인류가 만든 만병통치약	88
33 Day	십자가 • 삶을 풍요롭게 해 주는 무기	90
34 Day	성경 • 마음의 오염을 막기 위하여	92
35 Day	성물 • 하느님께 가까이 다가가고 싶다면	94
36 Day	성인 • 완덕의 길	96
37 Day	피정 • 영혼의 보약	98
38 Day	명상 • 마음을 다스리는 시간	100
39 Day	질문 • 늘 묻고 생각하기	102
40 Day	의심 • 주님께 물음을 던지는 삶	104
41 Day	구원관 • 참된 의미의 구원	106
42 Day	감사 • 믿음을 키우는 가장 좋은 방법	108
43 Day	사랑 • 사랑에서 시작되는 마음 건강	110
44 Day	받기 • 받는 것도 영성	112
45 Day	축복 • 기도에는 힘이 있다	114

4장

일상에 생동감을 불어넣기

46Day	식사 • 즐거운 한 끼가 만드는 행복	118
47Day	공감 • 사람의 마음을 사로잡는 법	120
48Day	내적 동기 • 팽이처럼	122
49Day	경청 • 누구에게나 심리적 공간이 필요하다	124
50Day	소리치기 • 좋지 않은 기억에 힘들 때	126
51Day	긴장 해소 • 가끔은 망가져도 좋다	128
52Day	마음가짐 • 물 한 잔에도 감사하는 태도	130
53Day	행복 • 지금 이 순간을 살맛 나게	132
54Day	기분 • 기분 좋은 것만 생각하기	134
55Day	단장 • 깔끔하게 살자	136
56Day	걷기 • 걸으면서 풀린다	138
57Day	공상 • 몸과 마음이 지쳐 갈 때 필요한 것	140
58Day	놀이 • 장수의 비법	142
59Day	미소 • 돈 한 푼 안 들이고 베푸는 사랑	144
60Day	자기애 • 마음의 그릇이 크고 건강하려면	146

1장

내 마음을
들여다보는 순간

1 Day

불편
하다

피할 수 없는
감정이 다가올 때

🌸 묵상

인생을 살다 보면 견디기 힘든 일들이 생깁니다. 자신에게 버거운 일, 정말로 하기 싫은 일, 불편한 사람과의 만남 등이 있을 것입니다. 그런 상황에 처하면 마음이 불편해집니다. 그래서 이런 마음을 없애기 위해서 여러 가지 노력을 하지만 현실적으로 쉽지 않습니다. 더 이상 피할 수 없는 불편함이 다가올 때는 어떻게 해야 할까요?

불편함을 없애야 하는 대상이 아니라 그것이 내게 주는 의미를 생각해야 합니다. 토마스 무어는《영혼의 돌봄》에서 불편함은 없애야 하는 것이 아니라 우리 영혼이 온전해지기 위해 필요하다고 합니다. 불편함 자체가 사람을 온전하게 해 주려는 영혼의 소리라는 것이지요. 사람은 부족한 것을 완전하게 채우도록 부르심받은 존재가 아니라 부족한 채로 일상생활에서 거룩함을 발견하도록 부르심받은 존재입니다. 거룩한 삶은 역설적으로 자신이 절대로 거룩하지 않음을 깨달은 삶인데 이런 깨달음은 불편함 안에서 얻게 됩니다. 즉 거룩한 삶이란 거룩함과 세속성이 뒤섞인 상태입니다.

기도 생활을 하는 분들이 갖는 불편함 중에는 완전한 평화, 불편함이 없는 삶을 꿈꿔 생긴 것이 많습니다. 일종의 신앙 강박증으로 끊임없이 자신을 채근하고 쉬지 못하도록 하는 데서 오는 불편함입니다. 기도를 해도 자신의 마음이 달라지지 않고 시궁창 같더라도 자신을 벼랑 끝으로 내몰지 않기를 바랍니다.

 마음 일기

나를 불편하게 하는 사람들은 누가 있는지 생각해 보고, 왜 불편한 감정이 드는지, 그 감정을 자세히 한번 들여다보는 시간을 가져 보기 바랍니다.

2.Day

짜증
난다

짜증을 줄이는 방법

🌸 묵상

살다 보면 짜증 날 때가 많습니다. 남편이나 자식에게, 직장 상사나 부하 직원에게 혹은 자신에게 짜증을 내기도 합니다. 짜증이 나는 이유는 무엇일까요? 신체적인 피로감에 과부하가 걸렸기 때문입니다. 반면 몸 상태가 좋을 때도 짜증이 나는 것은 심리적 원인 때문입니다. 즉 기대 수준이 너무 높을 때 짜증이 납니다. 특히 자기 자신에 대한 기대감이 높고 자신을 몰아붙이며 사는 사람들이 유난히 심하게 짜증을 내는 경우가 있습니다. 왜 그런 것일까요?

가끔 자랑삼아서 "나는 나 자신을 늘 채찍질하며 산다."라고 말하는 분들을 봅니다. 얼핏 '열심히 사는구나.' 하는 생각을 할지 모르겠지만 자신에 대한 높은 기대감 때문에 자기 자신을 소나 말처럼 대한다는 말이기에 안쓰러운 마음이 듭니다. 이렇게 자신을 몰아붙이는 사람들은 다른 사람에게도 소나 말처럼 살라고 요구합니다. 열심히 사는데 사람들이 나를 멀리한다고 느껴지면, 내 삶에 무슨 문제가 있는 것이 아닌가 점검해 보아야 합니다.

짜증을 줄이고 편안하게 살려면 기대 수준을 낮추면 됩니다. 나에 대한, 상대방에 대한 기대 목록을 만들고 그중에서 도저히 할 수 없는 것들을 하나씩 지워 가는 것입니다. 이런 작업을 하는 동안 마음의 짐이 줄어들고, 그때부터 사람들이 가까이 다가오기 시작합니다. 편안함이 느껴지기 때문입니다.

 마음 일기

TIP

나에게 바라는 기대 목록, 다른 사람들에게 바라는 기대 목록을 만들고 비현실적인 기대는 하나씩 지워 가는 작업을 해 보세요.

3 Day

두렵다

주님 앞에
설 자격이 없다는 생각

🌸 묵상

　사람은 다른 사람을 평가하기도 하지만 무의식적으로 자신을 평가하기도 합니다. 매일 미사도 참석하고 봉사도 열심히 하는데 늘 자기는 주님 앞에 설 자격이 없다고 하는 분들이 있습니다. 이들은 열심히 신앙생활을 하면서도 죄인이라고 하며, 소위 부정적 자기 개념(자신을 스스로 무시하고 저평가하는 것)을 지녔습니다. 얼핏 겸손해 보이나 사실 심리적으로 우울하고 불안한 분들이라 가까이 다가가기 어려울 때가 있습니다.
　미국의 심리학자 아브라함 매슬로우는 인간의 역사는 인간의 본성을 과소평가해 온 역사라고 주장하였습니다. 인간은 동물에 지나지 않는다는 말을 서슴지 않고 해 온 것이 인간의 역사라는 것입니다. 그런데 이 현상은 우리 교회 안에서도 유사하게 나타납니다. 교회는 교리를 통해 우리가 주님 앞에서 고

개를 들 수 없는 죄인이라고 가르치기도 하고, 심지어 어떤 성가 가사는 우리를 극도로 비하하기도 합니다. 이런 분위기에서 신자들은 자신이 죄인이라는 생각에서 벗어나기 어렵습니다. 그러나 건강한 부모가 자녀에게 상처되는 말을 하지 않는 것처럼 하느님께서는 우리에게 상처 주시는 분이 아닙니다. 하느님 앞에서 너희 모두 죄인이라는 말을 하는 이들은 하느님의 종이 아니라 사탄의 자식입니다. 심지어 이들은 사람의 마음 안에 공포심을 불어넣어 제 노예로 만드는 경우도 있으니 반드시 조심해야 합니다.

 마음 일기

TIP

하느님께서는 인간을 창조하신 후 '보시니 좋았다.'라고 하셨습니다. 예수님께서도 우리를 친구라고 하십니다. 이 말씀에 반대하는 목소리는 선에서 오는 소리가 아니라는 점을 잊지 마세요.

4Day

괴롭다

자신을 다그치거나 몰아붙인다면

🌸 묵상

우리를 힘들게 하는 것 중에 점착성이 있습니다. 말 그대로 어떤 일에 정신이 착 달라붙은 것입니다. 실수를 잊지 못하고 늘 기억하는 상태, 지나치게 책임감이 강해 항상 모든 일을 머릿속에 넣어서 다니는 상태, 융통성이 적고 다른 사람이 하는 일을 믿지 못해 자기가 다 해야 하는 상태, 아무리 노력해도 완벽한 결과가 나오지 않는 것에 대하여 괴로워하는 상태입니다. 이 점착성은 사람을 쉬지 못하게 합니다. 사람이 24시간 내내 전력 질주를 할 수는 없는데, 몸에서 휴식을 취하라고 보내는 신호를 무시하고 계속 달리기만 한다면 어떻게 될까요? 결국 과로로 쓰러지겠지요.

점착성이 강한 사람들은 억압이라는 방어 기제를 가졌습니다. 사람은 현실에 적응하기 위해 자기도 모르게 고통을 억압

합니다. 억압이 지속될 때 마음 안에 어두움의 심연이 생기는데, 이를 스위스의 심리학자 융은 그림자라고 불렀습니다. 보통 이 그림자를 데리고 살지만, 점착성이 강한 사람들은 더 심한 억압으로 파멸에 이를 위험이 큽니다. 그러므로 이들은 자신의 문제를 시급히 인정하고 인생길의 속도를 재고해야 합니다. 얼마나 빠르게 걷고 있는지, 쉬는 시간은 가지고 있는지 확인해야 비교적 평안한 마음을 가질 수 있습니다. 자신에게 문제가 있다는 점을 부끄러워하거나 부정할 필요는 없습니다. 문제가 어떤 것인지 알고 앞으로 나아가면 됩니다.

 마음 일기

TIP

오스트리아의 심리학자 프로이드는 정상의 기준을 약간의 히스테리, 약간의 편집증, 약간의 강박증을 가진 상태라고 했습니다. 세상에 문제없는 사람은 아무도 없다는 점을 기억하고 살아갑시다.

5Day

걱정도 팔자

 묵상

걱정이 많은 사람들은 확실치 않은 것을 견디지 못해 그 일이 일어나지 않을 것이란 보장을 원합니다. 세상에 확실한 것은 없는데도 답을 구하는 것입니다. 그래서 점집을 찾거나 영험하다는 종교인에게 거액을 주고 걱정거리를 없애려 합니다. 그런데 심리학자들은 사람들이 걱정하는 일이 대부분 일어나지 않는다고 합니다. 그러나 걱정 많은 이들은 자기들이 뭔가 준비를 해서 그 일이 발생하지 않았다고 믿습니다.

그렇다면 걱정을 그냥 두어야 할까요? 그렇지 않습니다. 걱정을 그냥 두면, 삶이 우유부단함으로 가득한 쓰레기통처럼 되어 이성적 판단이 마비됩니다. 그러니 걱정을 처리해야 합니다. 단지 그 크기에 따라 처리법이 다를 뿐입니다. 작은 걱정은 괜찮습니다. 그러나 큰 걱정은 걱정을 하지 않아야 답을 찾을 수 있습니다. 우리 마음의 구조 때문입니다. 의식과 무의식으로 이루어진 우리 마음에서 작은 걱정은 의식이 처리하지만, 큰 걱정은 무의식이 처리합니다. 무의식이 걱정을 처리하게 하려면 마음의 힘을 빼야 합니다. 마치 물에 빠진 사람이 허우적거리지 않고 힘을 빼면 몸이 뜨듯이 걱정도 내려놓으면 무의식이 활성화되어 답을 보여 줍니다. 아직 그렇게 되지도 않았고 그렇게 될 가능성도 없는 일을 행여 일어날까 두려워 현재를 즐기지 못한다면 어리석은 일입니다. 그래서 '지금 여기에' 머무르라고 하는 것입니다.

 마음 일기

 TIP

"주님, 제가 바꿀 수 없는 것을 받아들일 수 있는 평온함을 주시고, 바꿀 수 있는 일을 위해서는 도전하는 용기를 주시고, 또한 그 둘을 분별할 수 있는 지혜를 내려 주소서."라고 기도해 보세요.

6Day

질투
하다

다른 사람을
단죄하고 싶을 때

🌸 묵상

어떤 신자분이 본당 신부가 '험담은 대죄'라고 해서 본당에서 부당한 일이 생겨도 입을 꾹 다물고 사는데 너무 힘들다고 상담을 신청해 왔습니다. 험담은 다른 사람들에게 쌓인 불편함을 해소하는 수단입니다. 그래서 험담을 하지 않으면 여러 가지 신경증적인 증세가 생길 수 있습니다. 오래전 며느리들이 우물가에서 빨래하며 시어머니 험담을 한 일은 시집살이에서 오는 스트레스를 풀기 위한 방법이기도 했습니다.

프란치스코 교황님은 험담을 하지 말라고 하십니다. 너무 자주하면 험담에 중독될 수 있고, 사람들의 신뢰를 잃기 때문입니다. 그러나 험담이 대죄는 아닙니다. 가끔 농담 같은 험담은 감정 해소에 도움이 됩니다. 다만 험담으로 누군가 심각한 해를 입는다면 그것은 사안이 다릅니다.

오스트리아의 심리학자 아들러는 "야심은 사람을 종교적 문제에 개입하기 쉽게 해 준다. 그리고 허영은 사람을 미덕과 악덕, 순수성과 부패, 선과 악의 심판자로 만든다."고 했습니다. 신앙심이 강한 사람의 열등감은 지나친 야심으로 변질되기 쉽습니다. 그의 자아 추구는 도덕적 영역에 있으므로 타인을 도덕적으로 경시하는 것이 자기 자신을 높이는 것입니다. 그래서 타인에 대한 험담을 하지 않으려 하더라도 무의식적으로 타인을 단죄하는 모습을 보입니다. 그래서 다른 사람을 단죄하고 싶을 때는 자기 마음을 성찰해야 합니다.

 마음 일기

TIP

내가 험담하는 대상은 누구인지 왜 그 사람을 험담하는 데 집착하는지 스스로 분석하는 시간을 가져 보세요.

7 Day

답답
하다

조그만 일에도
쉽게 상처 입는 사람

묵상

천주교 신자들은 전통적으로 신앙생활을 죄를 짓지 않는 삶이라고 생각해 왔습니다. 죄를 짓고 고해성사를 보느니 아예 죄지을 가능성을 만들지 않으려고 한 것입니다. 이를 범생이 콤플렉스라고도 합니다.

루카 복음서에는 '되찾은 아들의 비유'가 나옵니다(루카 15,11-32 참조). 여기에 나오는 큰아들은 범생이 콤플렉스를 가졌습니다. 이 콤플렉스를 지닌 이들은 다른 사람들에게 자주 착하다는 칭찬을 듣습니다. 그러다 보니 하고 싶은 것을 못 하고, 가고 싶은 데를 가지 못해 마음속에 늘 억울함이 있고 자주 볼멘소리를 합니다. 마치 큰아들이 집에 돌아온 둘째 아들 때문에 아버지에게 볼멘소리하듯 말입니다.

범생이 콤플렉스를 깨려면 새로운 것을 경험하면서 삶의 영역을 확장해야 합니다. 이런 시도에 의해 사람의 마음 그릇이 커집니다. 미국의 제39대 대통령인 지미 카터가 조지아에서 공직자 임기가 끝나 갈 때, 그의 어머니가 이제 무엇을 할 거냐고 물었습니다. 그러자 카터가 "대통령이나 할까 합니다."라고 했답니다. 이 이야기를 듣고 많은 사람이 카터를 비웃었습니다. 그러나 카터는 대통령이 되었고, 퇴임 후에도 많은 활동을 하며 큰 명성을 떨쳤습니다. 아무것도 시도하지 않는다면 우물 안 개구리로 인생을 마치게 됩니다. 개구리가 될 것이냐 말처럼 광야를 달릴 것이냐는 본인의 선택입니다.

 마음 일기

TIP

미국의 심리학자 칼 로저스는 "좋은 인생은 방향이지, 목적지가 아니다."라고 했습니다. 하느님께서 우리를 만드셨듯이 우리도 인생을 만들어야 합니다. 나의 활동 영역은 어디까지인가요?

8Day

밉다

미운 놈
떡 하나 더 주기

묵상

세상에서 가장 힘든 일은 사람을 사랑하는 일입니다. 이는 수도자도 마찬가지입니다. 기도하는 것보다 사람을 사랑하는 것이 더 어렵습니다. 그런데 그보다 더 힘든 것은 사람을 미워하는 일입니다. 사랑은 노력하는 것만으로도 심리적 보상을 받는데, 미움은 그런 것이 없습니다. 미움이 뿜어내는 분노에는 무시무시한 파괴력이 잠재되어 있어 다른 사람이 아닌 자기 자신부터 망가지게 합니다. 그래서 사랑하는 것보다 미워하는 것이 더 힘들다고 합니다.

사람은 자기를 미워하는 사람을 가장 미워합니다. 사람은 자기 생각에 동조해 주고 뜻을 거스르지 않는 사람을 좋아합니다. 옳은 말을 하더라도 자신과 의견 충돌을 일으키는 사람은 싫어합니다. 상대방을 싫어하면 그를 기분 좋게 해 줄 리 만무

하고, 상대방 역시 자신이 미움받는다는 것을 인지하면 더 미운 짓만 골라 하게 됩니다. 이렇게 미움은 악순환을 만듭니다.

또한 미움은 색안경을 끼고 사람을 보게 합니다. 그래서 어떤 사람이 미우면 상대방을 제대로 보지 못합니다. 그와 관련된 모든 것이 다 미워집니다. 문제는 이 미움이 자신에게 해를 끼친다는 것입니다. 그래서 우리 조상들은 미운 놈 떡 하나 더 주라고 했습니다. 미움의 부메랑이 돌아올 것을 예방하라는 것이지요. 미움은 없애기 어려운 감정이지만, 마음 안에 품고 살면 나를 병들게 하니 이를 간직하지 말고 잘 해소해야 합니다.

 마음 일기

TIP

미움이라는 감정을 해소하기 위해 매일 종이에 미운 사람의 이름을 써 놓고 마음속으로 그에게 대화를 건네 보세요. 마주 보고 할 수 없었던 이야기를 털어놓으면 마음 안의 감정이 풀립니다.

9Day

화나다

분노를
없애야 할까

🌸 묵상

　자매님 한 분이 "제가 우리 영감을 보고 욕을 했는데 죄가 될까요?"라고 조심스럽게 물었습니다. 사연을 들어 보니 영감님이 자린고비라 자매님에게는 딱 생활비만 주셨답니다. 미국에 사는 딸이 보고 싶다고 해도, 돈 없다고 딱 잘랐습니다. 어느 날 꿈에서 딸을 만나 반갑게 인사하는데 남편이 약수터에 가며 "나 지금 나가!" 하고 소리를 질러서 꿈에서 깼는데, 그때 너무 화가 치밀어 문짝에 대고 욕을 했다고 합니다. 보속을 달라시기에 하루에 한 번 문짝에 대고 욕을 하시라고 했습니다.

　감정이란 '마음의 근육'입니다. 따라서 몸의 근육을 골고루 운동시키듯이 마음 근육도 골고루 사용해야 합니다. 분노도 우리가 품은 감정입니다. 그런데 오래전 교리 공부를 한 분들은 분노를 죄악시해 속으로 참기만 해서 정신적인 문제에 봉착하는 경우가 적지 않습니다. 더 큰 문제는 일부 신자들이 분노를 마귀가 들어온 것이라고 가르치거나, 성인들이 아무런 분노 없이 살았다고 강변하는 것입니다. 그러나 예수의 데레사 성녀의 이야기를 해 드리겠습니다. 수도원을 개혁하기 위해 감옥행도 마다하지 않았던 데레사 성녀가 어느 날 신자들과 마차를 타고 가는데 마차가 전복되었습니다. 신자들은 마차에서 기어 나와 하느님께 감사드리는데, 성녀는 하늘에 대고 일 좀 제대로 하시라고 소리쳤답니다. 위대한 신비가인 데레사 성녀의 일화를 통해 분노 역시 자연스러운 감정이라는 점을 깨닫기 바랍니다.

 마음 일기

분노 해소를 위해 매일 종이에 자신의 불편한 감정을 써 보세요. 글씨를 단정하게 쓰려고 노력하지 말고 마음 가는 대로 쓰는 것이 좋습니다. 작성 후에는 종이를 구겨서 버리면 됩니다.

10Day

무섭다

지나친 죄의식에서 벗어나기

 묵상

  냉담 중인 젊은이들에게 성당을 멀리하는 이유를 물었더니 대부분 성당에 가면 죄의식을 느끼고 마음이 무거워져서 나가기 싫다고 합니다. 특히 사순 시기에는 신자들이 고백하는 내용에 죄가 아닌 신경증적 증세가 엿보이기도 합니다. 언젠가 세례받은 지 얼마 안 된 자매가 이런 질문을 했습니다. "신부님, 주님께서 이제 그만 부활하시면 안 될까요? 해마다 사순 시기 동안 제가 주님을 죽인 죄인이라고 기도하는 것이 지겹고 무서워요. 내년에 또 살아나실 텐데 해마다 같은 기도를 하는 것이 이해도 안 되고요." 그럴 수도 있겠다 싶었습니다.

  사순 시기를 지나치게 경직된 관점으로 바라보면 심리적 문제가 발생합니다. 어떤 이가 신자들에게 '당신들이 주님을 죽인 범죄자들'이라고 호통 쳤다는 이야기에 정말 경악한 적이 있습니다. 만약 부모가 죽었는데 주위 사람들이 자식들에게 "너희들이 부모를 죽인 범인들이야." 한다면 아이들은 아마 죄책감과 수치심 등에 휘둘려 일상을 제대로 살지 못할 것입니다. 건강한 죄의식, 자기 삶에 대한 부끄러움을 느끼는 수준이 아닌 독성 수치심을 유발하는 병적인 죄의식은 우리를 주님께로 나아가게 하는 것이 아니라 멀어지게 합니다.

그러므로 사순 시기는 주님을 애도하고 추모하는 기간으로 보내야 합니다. 이렇게 그분이 다시 살아오시길 바라는 마음을 가져야 진정한 부활의 기쁨을 느낄 수 있습니다.

🌸 마음 일기

TIP

주님께서 생전에 사람들을 얼마나 사랑하셨는지, 어떤 치유의 기적을 일으키셨는지, 그분이 얼마나 마음이 따뜻한 분이셨는지 자주 묵상해 봅시다.

11Day

초조
하다

내가 쓸모없는
존재 같다고 느낄 때

🌼 묵상

　우리는 주님을 세상을 구원하신 분, 구세주라고 부릅니다. 그런데 종종 자신을 구세주로 여기는 경우가 있습니다. 이를 구세주 콤플렉스를 가졌다고 하지요. "내가 없으면 가족들이 다 굶어 죽을 거야. 내가 없으면 우리 단체가 엉망이 될 거야. 내가 없으면 모든 게 다 망가질 거야." 하는 신념을 가진 사람들입니다. 이들은 쓸데없는 일을 벌입니다. 그러면 그 일을 추스를 사람이 필요하고 남들이 하지 않는 일을 함으로써 자신이 중요한 사람이라고 생각할 수 있기 때문입니다. 그러나 이들은 다른 사람이 해도 될 일을 자신이 해 놓고 왜 자기를 도와주지 않느냐고 불평불만을 늘어놓습니다. 봉사를 하면서도 생색을 내려고 하고 어떤 보상이라도 받고 싶어 합니다. 그래서 주위 사람들이 아주 피곤합니다.

이들은 어린 시절 부모님께 제대로 인정받지 못한 경우가 많습니다. 불우한 가정에서 자라서 행복한 기억이 별로 없기에 악성 열등감에 시달리며 살아갑니다. 심지어 자기혐오, 자기모멸감을 가지면 열등감은 감당하기 어려울 만큼 커집니다.

미국의 심리학자 대니얼 카너먼은 하루 중 16시간은 3초짜리 순간 2만 개가 모인 것이라 했습니다. 즉 우리에게 삶에 참여하고, 부정적인 것을 극복하고, 긍정적인 것을 추구하기 위한 2만 번의 기회가 하루에 주어지는 것입니다. 그러므로 열등감을 해소하는 것도 마음먹기 나름이라는 사실을 기억합시다.

 마음 일기

TIP

우리 마음속에 자리 잡은 불안함과 초조함, 열등감을 자세히 들여다봅시다. 이 감정이 어디에서 비롯되었는지 구체적으로 생각해 봐야 합니다.

12.Day

분하다

분노의 시작

 묵상

요한 복음서에 나오는 간음한 여인 이야기는 아주 유명합니다(요한 8,1-11 참조). 예수님께서 활동하던 당시, 여인이 간음한 현장에서 잡히면 무조건 돌로 쳐 죽였다고 합니다. 그런데 주님께서는 돌을 손에 든 사람들에게 한마디만 하십니다. 너희 중 죄 없는 자가 먼저 저 여인을 돌로 치라고 말입니다. 그러자 나이 든 사람들부터 돌을 내려놓았는데, 젊은 사람들은 끝까지 씩씩대며 돌을 내려놓지 못하였다고 합니다.

영성 심리에서는 이 장면을 다각도로 바라보는데, 그중 젊은 사람들이 정의로움이 아니라 자신 안의 불편하거나 부정적인 감정을 감추기 위해 과격한 모습을 보인 것이 중요하다고 분석합니다. 젊은 사람들은 자신의 감정을 잘 보지 못하고 자기감정에 도취되는 경향이 강합니다. 그래서 쉽게 자기 문제를 다른 사람에게 전가하거나 투사합니다.

 살다 보면 나와 아무런 상관이 없음에도 불구하고 내 안의 분노를 건드리는 사람들이 있습니다. 특히 신문 보도를 보면서 일면식도 없는 사람들에게 적개심까지 느끼는 경우들이 있습니다. 물론 그들에 대하여 가진 분노가 정의로운 것도 있지만, 지나친 분노 혹은 적개심은 내 안의 부정한 감정을 감추기 위한 방어 기제인 경우가 대부분입니다. 그래서 오래전부터 영성가들은 어떤 일에 지나친 분노가 일어날 때 상대방이 아니라 자기 안을 보라고 이야기해 왔습니다.

 마음 일기

TIP

사람 때문에 화가 나고, 일이 잘 안 풀려서 화가 나기도 합니다. 내가 가진 분노가 어떤 정도인지 점검해 봅시다. 또한 왜 그런 감정이 생겼는지 내 마음을 살펴보기 바랍니다.

13*Day*

불행
하다

내가 나를 싫어하면

🌸 묵상

"사람들이 다 내 얘기만 해.", "내 흉만 봐."라고 말하면서 자신이 피해자라고 주장하는 사람들이 있습니다. 아무도 그에게 관심이 없는데 그런 생각을 하는 것을 피해자 코스프레라고 합니다. 이들의 의심은 피해 의식으로, 피해망상으로 이어집니다. 이들은 하느님조차 자신만 미워한다고 생각합니다. 다른 사람들은 일이 잘 풀리게 해 주면서, 자신은 하는 일마다 안 되게 한다고 웁니다. 또한 다른 사람들을 나쁜 사람으로 만드는 재주가 있습니다. 그렇게 주위 사람들의 동정을 얻는 것입니다. 그런데 기도할 때는 자기를 미워하는 사람들을 용서해 달라고 기도합니다. 착한 사람인 척하는 것이죠.

이런 문제는 열등감 때문에 생깁니다. 내가 나를 싫어하면서 그것을 다른 사람에게 전가하여 다른 사람이 자기를 미워한다고 동네방네 이야기하고 다니는 것입니다.

할 일이 없을 때 사람들은 무료함을 느끼고, 무기력함에 빠집니다. 아무것도 하지 못하면 자기 가치감, 자기 존재감을 상실해 불행해지기에 우리는 일을 하고, 찾아야 합니다. 사람은 할 일이 있어야 생기가 돌고 자신감, 자존감이 살아납니다. 베드로 사도도 어부 일을 했고, 성모님도 일을 하셨습니다. 베네딕토 성인은 '기도하라, 그리고 일하라.'라고 수도 생활의 기본을 강조했습니다. 그러므로 사람은 살아 있는 동안에 움직여야 합니다. 노동하지 않는 사람은 심리적 근육이 상하고 맙니다.

 마음 일기

TIP

피해자 코스프레를 하면 어디에서도 환영받지 못합니다. 그래서 우리는 미사 때마다 "제 탓이요."라고 외치곤 합니다. 성숙한 신앙인은 남의 탓을 하기 전에 내 문제가 무엇인가를 먼저 봅니다.

14Day

싫다

미움
그 괴로운 감정

묵상

어떤 분이 자신은 처음 누군가를 만나면 잘해 주고 싶다가 시간이 지나면 그 사람이 싫어진다고 합니다. 그래서 그런 마음을 갖지 않으려고 사람과의 만남을 피한다고 했습니다. 신앙생활을 수도자처럼 하려는 사람 중에 이런 분들이 있습니다.

사람의 마음은 모난 돌과 같습니다. 마음 안에 콤플렉스와 상처가 아물지 않은 상태를 말합니다. 모난 돌끼리 부딪치면 갈등과 아픔이 생길까 봐 사람을 피하는 것입니다. 그런데 자기가 모난 돌이라고 사람을 만나지 않으면 그저 모난 채로 살아가게 됩니다. 모난 돌이 예쁜 돌이 되려면 다른 모난 돌들과 부딪쳐야 합니다. 갈등을 겪어야 둥근 돌이 되는 것입니다.

신자분들이 봉쇄 수도원을 다녀오면 한결같이 수녀님들의 얼굴이 너무나 밝다고 합니다. 그럴 수밖에요. 같은 사람들이 같은 공간에서 죽을 때까지 같이 살아야 하는 것이 봉쇄 수도원이니 매일 서로에게 적응하느라 다른 사람들보다 빠르게 원형이 됩니다. 그러나 그 과정은 쉽지 않습니다. 수도자들은 이 구동성으로 기도보다 사람과 사는 것이 더 힘들다고 말합니다.

자아는 세상을 경험하며 그 시야가 넓어지고, 힘이 생기면서 자신의 마음을 옥토로 만듭니다. 눈이 열리고, 비전을 가지고, 미성숙한 내재아를 절제하게 하면서 성숙한 인간이 됩니다. 세상에서 만나는 한 사람, 한 사람은 역사라는 생각으로 사람들을 만난다면 나 역시 어느 날 둥근 돌이 되어 있을 것입니다.

🌸 마음 일기

TIP

철학자 헤겔은 세상 만물은 정반합의 과정 즉 변증법적 과정을 통하여 성장한다고 했습니다. 서로 하나가 되기 위해서는 반드시 갈등이 필요하다는 것입니다. 늘 이 점을 기억하며 살아갑시다.

15Day

죄스
럽다

자비로우신
하느님 아버지

🌸 묵상

'고해소는 재판소, 고해 신부는 재판장, 보속은 형량, 고백하는 신자는 죄수'라는 식으로 생각하며 신앙생활을 하는 분들이 의외로 많습니다. 이를 자학성 신앙이라고 합니다. 이들은 매주 고해성사를 보거나, 심지어 고해 신부가 준 보속의 양이 적다고 다른 신부에게 다시 고해성사를 보는 분들도 있습니다. 이렇게 자신의 죄만 바라보고 사는 사람들은 믿음이 없습니다.

믿음이란 하느님께서 나의 생명이시고 나의 쉼터이심을 믿는 것인데, 죄를 따지는 사람들은 하느님을 자비로우신 분으로 생각할 수가 없고, 하느님을 마치 잔혹한 계부로 만듭니다. 이들은 기도는 많이 합니다. 그러나 마음에서 우러나오는 기도가 아닌 벌을 받지 않기 위한, 하느님의 노여움을 사지 않기 위한 기도입니다. 하느님과의 대화라는 기도의 본래 성격과는 전혀 다른 것입니다.

  이들은 늘 좌불안석으로 삽니다. 하느님 눈치를 보는 것을 신앙으로 여기면서, 항상 우울한 모습으로 삽니다. 그런데 정작 자신들의 그런 삶이 하느님을 욕보이는 결과를 낳는다는 것은 모릅니다. 건강한 신앙이란 '하느님은 아버지, 사제는 치유자, 고해소는 병원, 신자는 마음의 병을 치유하고자 찾아온 사람들'이라는 관계가 형성된 상태입니다. 만약 내가 하는 기도가 하느님을 두려워하고 눈치 보고 불안해하는 것이라면 나의 신앙생활이 건강한지 점검해 봐야 합니다.

 마음 일기

TIP

기도할 때 얼마나 솔직한지 생각해 봅시다. 하느님을 생각하면 행복한가요? 아니면 두려운가요?

2장

내면의 소리에
귀 기울이기

16 Day

서럽다

울어야 산다

 묵상

예전에는 "남자가 눈물을 보이면 안 된다, 여자가 울면 집안에서 복이 나간다."라고 하며 우는 것에 깊은 거부감을 보였습니다. 그러나 심리 치료가 발전하면서 울음이 마음 치유에 큰 도움이 된다는 사실이 밝혀졌습니다. 실컷 울고 나면 치유가 되는데, 그러지 못하면 가슴에 응어리가 남아 있다가 병을 만든다는 것입니다. 사람들은 수많은 한을 품고 살아갑니다. 가끔 어린 시절을 떠올리면 눈물이 왈칵 나는 것은 그때의 한이 아직 풀리지 않아서 그런 것입니다. 그럴 때는 실컷 울어야 합니다. 울다 보면 마음이 가라앉고 풀립니다.

서러운 일이 생기면 목 놓아 우는 아이들이 있습니다. 이런 아이들은 건강한 어른이 되는데, 울지 못하고 자라면 건강치 못한 어른이 될 가능성이 높다고 합니다. 무엇을 보아도 감동

받지 못 하고 무표정한 어른들은 울지 못한 어린 시절을 가진 것입니다. 이 사람들은 우는 사람을 보면 불편해합니다. 울지 못한 자기 마음속의 어떤 것이 투사되어서 그런 것입니다.

마음 안에는 과거에 묻어 버린 사랑과 미움, 원망과 슬픔이 남아 있습니다. 이 감정들이 오랫동안 마음속에 납덩이를 안고 사는 느낌을 줍니다. 따라서 갈등의 고리를 끊어야 합니다. 수많은 감정이 정리되면 내 마음의 빛과 어둠이 운명이 아니라 선택임을 깨닫게 됩니다. 그래서 어떤 여행보다도 자기 마음속으로 떠나는 여행이 가치 있다고 하는 것입니다.

 마음 일기

TIP

마지막으로 언제 울어 봤나요? 슬플 때는 어떤 방법을 사용하나요? 내 마음속에는 어떤 응어리가 있나요? 눈물이 마음의 치유제라는 점을 기억하며 눈물 흘리는 일을 두려워하지 맙시다.

17 Day

지겹다

변화가
필요한 순간

 묵상

매일 똑같이 정해진 계획표에 따라 사는 사람들이 있습니다. 흔히 이들에게 한결같다고 칭찬하곤 합니다. 그러나 사람은 기계가 아니기에 이런 판에 박힌 삶은 위험합니다. 심리적으로 무기력해질 뿐만 아니라 폭발할 가능성이 크기 때문입니다. 이럴 때는 변화가 필요합니다. 작더라도 무언가 자극을 주면, 짜증은 사라지고 망상도 사라집니다. 같은 책을 보는 게 지겨우면 다른 책을 보고, 사는 곳이 지겨운 느낌이 들면 바람 쐬러 나가면 됩니다. 그런데 강박적인 성향의 사람들은 변화를 세속적인 것이라 정죄하며 스스로를 더 가두고 학대합니다. 그리고 그런 삶을 영신 수련이라고 합리화합니다.

미국의 심리학자 알포트는 "건강한 사람은 긴장을 감소시키는 것보다는 오히려 더 많은 긴장을 원한다. 새로운 감동과 도전으로 끊임없이 여러 가지 다양한 욕구를 가진다. 판에 박힌 것들을 버리고 새로운 경험을 찾는다. 이런 새로운 긴장을 만들어 내는 경험과 모험을 통해서 성장한다."라고 말했습니다. 그런 관점에서 행복이란 동경을 가지고 능동적으로 목표를 추구하는 사람에게 따라오는 것입니다.

모든 일에는 아픔과 고통이 따릅니다. 벌을 키우다 보면 쏘이는 날도 있지요. 멋진 인생을 원한다면 스스로를 위험에 노출시켜야 합니다. 모험은 인생을 살아가는 가치를 느끼게 할 것입니다.

🌸 마음 일기

TIP

사람의 정신은 고정되어 있지 않으며, 현재와 미래에 대한 상상으로 살아갑니다. 나의 삶을 돌아보며 일상에서 어떤 변화가 필요할지 점검해 보기 바랍니다.

18*Day*

언짢다

불평하는 습관이
문제인 이유

 묵상

서울에서 시골로 내려가서 사는 사람들에게 "살기 어떠세요?"라고 질문했더니 이러한 대답을 들었다고 합니다. "살기 좋아요. 공기도 좋고 물도 맛있고. 그동안 서울에서 어떻게 살았는지 모르겠어요. 난 다시는 서울 가서 안 살 거예요."라고 말하는 사람이 있는가 하면, "공기가 밥 먹여 주나요. 처음에는 시골 풍경이 볼만했는데 매일 똑같은 풍경만 보고 사니 지겨워 죽겠어요. 시골로 오자고 한 남편이 미워 죽겠어요." 하는 사람도 있습니다.

생각은 반복적으로 하면 습관이 됩니다. 그런데 좋은 생각이 습관이 되면 얻을 게 많은데, 부정적인 생각이 습관이 되는 경우가 문제입니다. 부정적인 생각을 가진 사람들은 얻는 것보다 잃는 것이 많습니다. 가장 큰 문제는 사람을 잃는 것입니다.

부정적인 사람들은 늘 불평을 해 다른 사람의 기분도 상하게 하기에 기피 대상자가 되기 쉽습니다. 부정적인 생각을 하는 습관은 자신을 위해서라도 반드시 노력해서 고쳐야 합니다. 그중 하나가 로버트 오일러가 개발한 고무줄 요법입니다. 그는 팔목에 고무줄을 차고 부정적인 생각을 할 때마다 고무줄을 튕겼다고 합니다. 그랬더니 부정적인 생각이 줄어들더랍니다. 부정적인 생각은 고치기 쉽지 않습니다. 그러나 고치지 않으면 사람과 기회를 모두 다 놓칠 수 있습니다. 그러니 습관을 고치려 노력해야 합니다.

 마음 일기

TIP

미국 대통령이었던 아브라함 링컨은 심각한 우울증 환자였는데 그는 자기가 무엇이 되고 싶은지 상상하면 행복해지고 부정적인 생각이 줄었다고 합니다. 이루고 싶은 것에 대해 상상해 보세요.

19 Day

외롭다

외로움이라는
지독한 감정

🌸 묵상

외로움이란 감정은 아주 고약합니다. 외로움은 사람의 마음을 얼음 지옥에 갇히게 합니다. 마음이 차갑게 언 채로 갇힌 듯한 느낌 속에 살게 해서, 마음의 평온을 깨뜨립니다. 또한 아무리 사람이 많은 곳에 있더라도 사람을 움츠러들게 합니다. 이런 지독한 외로움에서 벗어나기 위해 사람들은 발버둥을 칩니다. 외로움은 술을 마시게 하고, 때로는 마약이나 범죄 행위를 유발하기도 합니다. 이런 외로움을 어떻게 해야 할까요?

중요한 것은 무너지고 꺾이려는 나의 마음을 잡아 줄 사람들을 만들어야 합니다. 나와 취미가 비슷한 사람들, 성향이 비슷한 사람들, 혹은 나에게 좋은 감정을 갖는 사람들을 찾아 그들과 함께하는 것이 가장 바람직합니다.

두 번째는 외로움의 가치와 의미를 생각하는 것입니다. 수도

자들은 일부러 외로운 자리를 찾습니다. 사람들과의 복잡한 관계 안에서는 자아를 찾는 것이 쉽지 않기 때문입니다. 그래서 사제와 수도자들은 정기적으로 혼자만의 시간, 피정의 시간을 갖습니다. 이 시간에 굳어 버린 생각과 얽힌 감정들을 풀고 정리하면서 자아 정체성을 정립하는 것입니다.

외로움 속에 홀로 있는 시간을 갖는 것이 쉬운 일은 아닙니다. 그렇다고 나의 외로움을 채워 줄 사람을 찾아 나서기만 하면 늘 목마른 사람처럼 살게 됩니다. 그러니 오래 훈련해야만 외로운 시간을 잘 보낼 수 있다는 점을 기억해야 합니다.

 마음 일기

 TIP

많은 심리학자가 외로운 시간을 잘 보내는 사람들이 다른 사람들과도 관계를 잘 맺는다고 강조합니다. 내가 외로움을 느낄 때 어떻게 행동하는지 살펴봅시다.

20Day

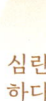

심란
하다

작은 죄들

 묵상

큰 죄는 아닌데 마음이 찜찜한 죄들이 있습니다. 소위 소죄, 고해성사를 볼 정도는 아닌데 마음을 불편하게 하는 죄입니다. 어떤 분들은 살다 보면 그럴 수 있지 않은가 하면서 그냥 넘어가라고 합니다. 그러나 작은 죄로 인한 죄책감은 목구멍에 걸린 생선 가시 같아서 쉽게 넘어가지 않습니다. 잘못에 죄책감을 갖는 것은 좋은 일입니다. 그러나 사소한 잘못을 용서하지 못하면 신앙이 깊어지는 것이 아니라 세심증, 강박증 같은 신경 질환에 시달릴 수 있습니다.

이런 경우에는 먼저 친한 친구에게 털어놓는 것이 좋습니다. 마치 방 안에 쌓인 쓰레기를 꺼내 버리듯이 말하는 것입니다. 두 번째 방법은 심리학자 자렌이 이야기한 자동 칠판 기법을 사용하는 것입니다. 상상 속의 칠판에 자신이 불편해하는 것들을 기록한 뒤 하나씩 지워 가는 방법인데 이는 심리적 노폐물을 처리하는 데 상당히 효과적입니다. 세 번째 방법은 지금 나에게 만족감과 행복감을 주는 일에 집중하며 소죄를 잊어버리는 것입니다. 네 번째 방법은 스스로 보속하는 것입니다. 선행을 실천해 자신의 잘못을 보상하는 것이지요.

우리는 스스로의 통제를 벗어난 것 같을 때 불안을 경험합니다. 그러나 우리가 신이 아니라 사람임을, 완전한 존재가 아니라 불완전한 존재임을, 사람은 실수와 실패를 통해 성숙해 가는 진행형의 존재임을 유념하여 살아갑시다.

 마음 일기

TIP

걱정과 강박이 많은 사람을 '생각 중독자'라 합니다. 생각을 멈추려고 해도 계속 떠올라서 괴로울 것입니다. 그럴 때는 몸을 움직입시다. 몸을 움직이면 뇌가 균형을 찾고 생각도 정리됩니다.

21 *Day*

열받다

현명한 사람은
화를 키우지 않는다

🌸 묵상

미국의 신경해부학자 질 볼테 테일러 박사는 분노를 키우지 말라고 조언합니다. 분노를 키우면 나타나는 부작용이 크기 때문입니다. 면역력이 약해져서 작은 스트레스에도 쉽게 온갖 병에 걸립니다. 또한 상황 판단력도 떨어져 세상을 이분법적으로 보고 사람들을 내 편, 네 편으로 갈라 세우곤 합니다.

화가 났을 때 우리 마음에서 화가 머무는 시간이 얼마나 될까요? 질 볼테 테일러 박사에 의하면 화가 났다 가라앉는 데 걸리는 시간은 90초라고 합니다. 화가 풀리는 데 90초밖에 안 되는데 왜 그토록 긴 시간 동안 화가 날까요? 바로 화를 키워서 그런 것입니다. 화를 내다 보면 다른 것들도 생각나서 분노가 기하급수적으로 치밀어 오른다는 것이지요. 이것은 마치 지뢰밭의 폭탄을 하나 터뜨리는 것과 같은 현상입니다.

이렇게 타오르는 분노를 사그라뜨리기 위해서는 마음속에 있는 손익 계산서를 사용하는 것이 좋습니다. 인간은 본시 자기 행복을 추구하는 이기적인 존재이니 그것을 역이용하는 것입니다. "내가 이렇게 화를 내는 것이 나에게 무슨 이익이 될까?"라고 스스로 질문을 하면 마음속의 손익 계산기가 자동으로 작동하면서 손익을 따집니다. 그러고는 화를 내는 것이 무익하다 싶으면 분노를 사그라뜨립니다. 현명한 사람은 아무리 억울하다 하더라도 화를 키우지 않습니다. 이 사실을 꼭 기억합시다.

 마음 일기

TIP

화를 키우는 것은 불장난과 같아 그 결과가 참담합니다. 내가 화를 내면 생기는 이득이 무엇이고, 손실은 무엇인지 생각해 보세요.

22.Day

겁나다

마음이
병든 사람들

🌼 묵상

마음이 병들면 감정 표현이 서툽니다. 그래서 자기감정을 스스로 왜곡하는 일이 많습니다. 화가 났어도 그것이 무엇인지 잘 알지도 못하고 표현하지도 못합니다. 왜 그럴까요?

부정적인 감정을 인정하였다가 속 좁다는 비난을 들을까 봐 두려운 것입니다. 또한 자기 마음 안에 그런 감정이 있다는 것을 인정하기 불편하여 끝까지 자기감정을 감추려고 합니다. 그리고 자기 안의 부정적인 감정을 들여다보려고 하지 않고 술로 달래거나 감정 회피를 합니다. 이런 식으로 살면 뒤끝이 생깁니다. 그래서 겉과 속과 다르다는 평가를 듣습니다.

간혹 성인처럼 살려고 노력하는 분 중에도 이런 경우를 봅니다. 이들은 자기 마음속에 어떤 불순한 감정도 없는 양 자기 안의 불편한 감정이 다 악의 유혹이라고 여깁니다. 건강한 신앙생활을 위해서는 자기감정을 정직하게 들여다보고, 내 무의식 속의 시궁창 같은 상태를 직면해야 합니다. 자기 직면을 거부하면 여러 신경증에 시달리게 됩니다.

  일본에서는 집을 지을 때 내진 설계를 합니다. 약간 흔들리게, 빈틈 있게 집을 지어야 지진에 버틸 수 있습니다. 사람도 마찬가지입니다. 흔히 한 점 흐트러짐 없는 사람을 완벽하다고 하지만, 생활이나 감정이 칼 같은 사람에게서는 사람 냄새가 나질 않습니다. 가끔은 내 마음을 돌아볼 여유가 필요합니다. 이 여유가 나를 더 나은 사람으로 만들어 줄 것입니다.

 **마음 일기**

TIP

자신의 감정을 어디까지 표현하나요? 내 감정의 폭은 어느 정도인가요? 이를 점검하는 시간을 가져 보세요.

23*Day*

거북
하다

무소유의 심리

 묵상

많은 이가 무소유를 지향하는 사람을 존경합니다. 그런데 종종 불편한 감정이 함께합니다. 늘 돈에 쪼들려 살 수밖에 없는 사람들은 '난 왜 이리 속물인가.' 하면서 무소유를 말하는 사람들에게 심리적인 열등감을 갖습니다. 그러나 영성 심리에서는 무소유의 삶이 현실성이 떨어진다고 평가합니다. 대개 무소유를 주장하는 이들은 자기 주머니에만 돈이 없지 굶어 죽을 염려도 없고, 가족의 생계를 책임지지도 않습니다. 그래서 무소유란 사회생활의 쓰라림을 겪어 본 적이 없는 사람들, 돈이 많아 무시당해 본 적 없는 사람들의 사치스러운 주장이라고 합니다. 또한 무소유란 현실적으로 실현 가능성이 없습니다. 인간이 육신을 지닌 한 불가능하기 때문입니다.

무소유를 말하며 가난을 실천하는 사람은 다른 사람의 삶에 비판적입니다. 가난하게 산다고 하며 나보다 가난하게 살지 않는 사람에게 분노한다면 그것은 내가 나를 속이는 가짜 가난을 사는 것입니다. 그러나 진정 무소유의 삶을 사는 사람은 많이 가진 것이 불편해 자신의 편안함을 위해 가진 것을 다른 사람들과 나누며 가난함을 즐깁니다. 이타심을 가진 존재가 많아져도 이기주의자들은 계속 살아남습니다. 그들이 발붙일 수 없는 경우는 더 이상 이득을 얻을 수 없거나, 이타주의자들이 많아지는 것뿐입니다. 복음적인 삶을 사는 신앙인이 많아져야 하는 이유이지요.

 마음 일기

TIP

복음적인 삶이란 풍성하게 소유하는 삶이 아니라 의미 있는 존재가 되는 삶을 뜻합니다. 나의 삶은 행복한가요? 혹시 다른 사람들의 삶에 어떤 잣대를 들이대지는 않는지 생각해 보세요.

24*Day*

비참
하다

죽고 싶을 정도로
외로운 날

 묵상

고독사, 아무도 찾아오지 않는 텅 빈 방에서 혼자 죽음을 맞는다는 것은 참 마음 아픈 일입니다. 일본에서는 이웃에게 폐를 끼치지 않으려고 아무 말 안 하다가 고독사하는 경우가 많은데 한국에서는 자격지심, 내가 가진 것이 없어서 이야기하지 못하고 고독사하는 경우가 많다고 합니다.

예전에 한 달동네의 본당 신부였을 때의 일입니다. 오랫동안 병상에 누워 계셨던 한 자매님은 방문할 때마다 늘 환하게 웃고 계셨습니다. 어느 날 자매님이 선종하시고 장례 미사를 하는데 성당 안이 꽉 차게 사람들이 들어차 앉을 자리가 없을 정도였습니다. 그 광경을 보고 너무 놀라 물었습니다. "자매님이 도대체 무슨 일을 하셨길래 이렇게 많이들 찾아오셨을까요?" 그러자 사람들이 자매님이 상담을 해 줬다고 말합니다. 레지오

단원으로 오래 활동하셨는데 병석에 누운 후에도 전화 상담을 해 주셨다는 것입니다. 생각해 보니 그 자매님의 머리맡에 전화기가 있던 것이 기억났습니다. 그분을 보며 '가진 것이 없어도 사람들에게 사랑받는 길은 다 있구나.' 하는 것을 깨달았습니다. 다른 사람들의 힘겨움을 알아주고 들어 주고 위로해 주기만 하여도, 그들이 나의 바람막이가 되어 줍니다. 죽고 싶을 정도로 외로운 분들은 지금이라도 털고 일어나, 나보다 더 힘든 사람들을 행복하게 해 주기를 바랍니다. 그러면 외로워서 죽는 것이 아니라 사랑에 넘쳐서 죽을 것입니다.

 마음 일기

지금 외로움을 느끼나요? 그렇다면 잠시 눈을 감고 내가 주변 사람들에게 무엇을 해 주면 그들이 기뻐할지 생각해 보세요.

25 Day

괘씸
하다

일방적인 관계의 문제점

 묵상

살다 보면 서로 의견이 맞지 않아 갈등을 빚을 때가 있습니다. 그런데 불편한 관계가 힘들다고 급하게 해결하려다 낭패를 보는 경우가 있습니다. 상대방에게 화를 내고 화난 상태가 힘들어서 얼른 선물을 준비했는데 상대방이 받아들이지 않으면 호의를 베푼 쪽은 괘씸함을 느낍니다. 심지어 상대방에게 왜 그리 속이 좁냐고 다시 화를 냅니다. 그러나 사실 잘못은 내 쪽에 있습니다. 내가 화가 풀렸으니 당연히 상대방도 화를 풀어야 한다는 생각이 잘못입니다. 사람마다 감정이 풀리는 시간이 다른데 무조건 자기 기준, 자기 기분에 맞추어야 한다고 하는 것은 아주 이기적인 생각입니다. 이는 자신이 지극히 일방적인, 자기중심적인 인간관계를 맺기 때문입니다.

내가 만나는 사람들을 나와 같은 인격을 가진 사람들이 아니라 무조건 내 기분을 맞추어야 하는 존재로 생각할 때 짜증 나고 화가 납니다. 이들은 다른 사람들이 눈치 보게 합니다. 이렇게 살다 나이 들고 돈 없고 권력이 사라지면, 외로워질 확률이 높습니다. 또 자신을 특별하고 소중한 존재라 여겨 가능하면 자기 마음에 드는 사람하고만 어울린다면 자아도취감이 생겨 자기를 과대평가하게 됩니다. 그래서 때로는 낯선 사람 속에서 다양한 갈등을 겪으며 여러 가지 역할을 수행하는 훈련이 필요합니다. 그런 훈련을 하며 익어 가는 벼처럼 겸손함과 품위가 생기게 됩니다.

 마음 일기

TIP

내 주변의 사람들이 나를 어렵게 대하는지 점검해 보는 시간을 가져 봅시다.

26 Day

원통
하다

참을 인 자 셋이면
살인도 면한다

 묵상

　최근 화를 참지 못하는 사람들, 일명 분노 조절 장애를 가진 사람들이 부쩍 늘었습니다. 이들은 다른 사람들이 자기 심기를 건드렸다고 폭언을 하거나 폭행을 저지릅니다. 대부분 자기밖에 모르는 자기애적 성격 장애를 가진 이들입니다.

　그러나 마음이 심약한 사람이 화를 참는 것도 심리적 문제를 야기합니다. 화를 삭일 때는 심리적 방어 기제인 억압을 사용하는데, 부작용이 많습니다. 분노는 감정이란 에너지인데, 이것은 누르면 없어지는 것이 아니라 깊이 누를수록 강하게 튀어 오르지요. 그래서 착한 사람이 화를 내면 무섭다고 합니다. 착한 아이 콤플렉스를 가진 사람들은 본인이 불편하기에 착하게 행동하는 것인데 그러다 보니 마음 안에 억압된 감정이 적지 않습니다. 이런 감정은 눌린 채로 있는 것이 아니라 어느 시점이 되면 마치 화산처럼 터집니다. 그래서 순한 사람이 화가 나면 이성을 잃고 사람들이 놀랄 정도로 폭력적인 행동을 합니다. 시도 때도 없이 화를 내도 문제지만, 누르고 눌러서 폭발하게 되는 것은 더 큰 문제입니다.

참을 수 없는 분노 때문에 심리적으로 죽어 가는 상황에서는 무엇인가를 해야 합니다. 그래야 자아를 구할 수 있습니다. 화가 고흐는 평생 신경증으로 고통받았지만 창조 작업을 통해 정신병의 진행을 막았습니다. 아무것도 할 수 없을 때 무언가를 하는 것이 신경증에서 벗어나는 방법입니다.

마음 일기

TIP

옛 어른들은 화난 사람을 달래며 "네가 참아라, 참을 인 자 셋이면 살인도 면한다."라는 말을 하곤 하였습니다. 화를 참기 위한 나만의 분노 해소 방법들을 생각해 보세요.

27 Day

속상
하다

아무것도 내 뜻대로
되지 않을 때

 묵상

분노의 동생뻘 되는 감정에는 짜증이 있습니다. 기도했는데 원하는 대로 되지 않았을 때, 일을 시켰는데 잘 해내지 못했을 때 짜증이 납니다. 내 마음이 내 의지대로 움직여 주지 않을 때도 짜증이 납니다. 열심히 수행을 해도 미운 마음, 부정적인 감정이 없어지지 않고 다람쥐 쳇바퀴 도는 듯한 느낌이 들 때 울컥 자기 자신에게 짜증이 납니다. '세상은 내 생각대로 되어야 해. 나는 내가 노력한 만큼 달라져야 해.' 하는 무의식적인 욕구가 채워지지 않았을 때 짜증이 올라오는 것입니다. 상담실을 찾는 이들 역시 대부분 '다른 사람들이 왜 자기 마음에 들지 않게 사는지'에 대해 불평하곤 합니다.

그럼 어떻게 해야 짜증을 줄일 수 있을까요? "세상에 내 마음대로 되는 일이 어디 있어? 주님께서도 세상을 당신 뜻대로 하지 못하고 돌아가셨는데 세상이 내 마음대로 되길 바란다면 내가 제정신이 아닌 거야." 하고 자신에게 말하면 어느 정도 짜증이 가라앉습니다. 이렇게 해도 짜증이 가라앉지 않을 때에는 나에게 어떤 결함이 있는 것은 아닌지 점검해야 합니다.

사람이 적응해야 할 대상은 사람과 환경, 두 가지입니다. 내가 만나는 사람이나 환경을 경험이라고 생각해야 짜증이 줄어들 것입니다. 이 경험이 사람을 성숙하게 해 주는 원동력이 됩니다. 이 경험을 하지 못하면, 자신의 세계가 세상의 전부라고 생각하는 우물 안 개구리가 되고 맙니다.

 마음 일기

 TIP

'짜증은 내어서 무엇 하나.' 하는 노래가 있습니다. 세상이 내 마음대로 안 되는 것을 인정합시다. 아무리 노력해도 자기 성격이 달라지지 않음을 인정할 때 마음이 편해집니다.

28 Day

우울
하다

내가 행복한 자리를
찾아서

 묵상

흰히 사랑하는 사람을 잃으면 무력감이 나타납니다. 이 감정이 지속되고 점점 생활해 나갈 자신감이 없으면 우울증으로 이어집니다. 대인성 우울증이 심할 때는 내 옆에 아무도 없어도 비난하는 소리가 들리고, 원인이 없는데도 썩는 냄새를 맡습니다. 미국의 조지 카플란 박사는 사회적으로 고립된 사람일수록 다른 사람들이나 단체와 긴밀한 유대를 맺은 사람보다 사망률이 높다고 합니다. 그러면서 건강한 사람은 말할 대상, 터놓을 수 있는 상대, 만나서 반가운 사람이 있다고 조언합니다.

주변에서 만나서 이야기를 나눌 사람이 마땅치 않다면, 봉사활동을 하는 것도 좋습니다. 오랫동안 봉사활동을 한 분들에게 힘들지 않냐고 물었더니 이구동성으로 "힘들지 않다. 오히려 행복하다. 나는 지금 봉사하러 온 것이 아니라 행복하기 위해서 왔다."라고 대답합니다. 주님께서는 '네 이웃을 사랑하길 네 몸처럼 하라.' 하고 말씀하셨습니다. 이 말씀은 봉사가 참행복의 길을 찾게 해 준다는 것입니다. 건강한 신앙생활은 먼저 나를 행복하게 만들고, 그다음 나의 행복을 다른 사람에게 나누어 주는 것입니다. 우리가 어떤 상황에서도 행복해지기 위해 노력하는 것은 복음적인 선택입니다. 주님께서는 피곤하실 때 라자로의 집에서 쉬셨습니다. 그곳에는 라자로와 함께 당신을 편안하게 해 주는 마르타와 마리아 자매가 있었기 때문입니다. 주님께서도 당신이 행복한 자리를 찾으셨습니다.

 마음 일기

나를 행복하게 해 주는 것들의 목록을 시간과 비용에 따라 구분하여 상세하게 만들어 봅시다. 그리고 이를 생활 속에서 실천해 보길 권합니다.

29 Day

원망
하다

인생은
선택의 연속

🌸 묵상

　상담하다 보면 선택의 여지가 없었다는 말을 들을 때가 있습니다. 대부분 좋지 않은 일을 하게 될 때 변명처럼 하는 말입니다. 정말 우리는 선택의 여지가 없는 삶을 살까요? 현실적으로 우리에게는 선택의 여지가 많습니다. 선택의 여지가 없다는 것은 자기 스스로 그렇게 몰아갔다는 것입니다.

　많은 경우에 사람들은 다른 사람들을 원망하며 삽니다. 배우자 때문에 속상하다는 사람들이 상담소를 찾아와서 상대방 때문에 자신이 불행하다고 하소연합니다. 그렇지만 결국 그 배우자를 선택한 것은 자신입니다. 부모를 원망하는 아이들도 마찬가지입니다. 무능력하고 능력 없는 부모를 아이들이 비난하는 것은 틀린 말은 아닙니다. 그러나 그렇게 부모를 비난하면 결국 자기 부모하고 똑같은 사람이 되는 것뿐입니다. 부모를 비난하며 시간을 낭비하며 살 것인가 아니면 부모는 그렇게 살았어도 자기는 다른 사람으로 살 것인가 선택하는 것은 바로 자신의 일입니다.

인생은 선택의 연속입니다. 선택의 결과에 의해 행복해지거나 불행해집니다. 지금 나의 삶이 불행하다면 그 이유는 잘못된 선택을 했기에 그런 것입니다. 그런 때는 내가 어떤 선택을 해야 할지 주님께 기도하면서 답을 구해야 합니다. 인생은 선택할 여지가 많습니다. 길지도 않은 인생, 좋은 선택으로 좋은 인생을 만들기 바랍니다.

 마음 일기

 TIP

살아오면서 내가 선택한 것들과 그 결과를 돌아보고 앞으로 어떤 선택을 할 것인지 생각해 보기 바랍니다.

30Day

불안
하다

마음의 이중성

🌸 묵상

사람의 마음은 성장하고 행복하고 싶은 마음과 반대로 퇴행하고 불행의 길을 가려는 마음이 공존해 끊임없는 갈등을 일으킵니다. 영성 신학에서 말하는 선과 악의 투쟁은 사람 마음 안의 이중성을 의미하기도 합니다. 옛 신앙인들은 사람의 오른쪽 어깨 위에는 수호천사가, 왼쪽 어깨 위에는 마귀가 있다고 말했습니다. 오래전부터 마음 안에 있는 모순된 갈등을 인지하였다는 말입니다. 그런데 사람의 의지는 앞으로 나아가기보다 과거에 안주하려는 성향이 강해 영성 생활이 쉽지 않습니다.

마음의 이중성을 느끼는 것은 우리 마음 안의 검열 기관 때문입니다. 마음의 위험한 욕망이 튀어나오려고 할 때에 사람은 불안을 느낍니다. 나의 욕망이 표출될 경우 남들에게 창피를 당하거나, 남들이 나를 피하거나, 사랑하는 사람을 파괴하는 끔찍한 일이 일어날 수 있다고 생각하기 때문입니다. 이는 위험한 내적 충동을 억압하거나 변형시켜 더 이상 위험하지 않도록 만드는 과정에서 방어 기제를 사용하는 것입니다. 그래서 '겉과 속이 다르다.', '이중적이다.'라고 합니다. 사람이 이러한 자신의 모습을 발견하게 되면 어느 순간 자아가 모습을 드러냅니다. 그 후에는 비로소 내가 왜 이런 행동을 하는지, 왜 이런 생각을 하는지, 왜 이런 기분을 느끼는지 이해하기 시작합니다. 자기 행동이 잘못되었다는 점을 제대로 인식하면, 반복적인 일상의 습관들을 통제 혹은 고칠 수 있습니다.

 마음 일기

 TIP

습관은 오랜 시간을 두고 되풀이된 하나의 반복된 행동일 뿐입니다. 나에게 어떤 무의미한 습관이 있는지 떠올려 보고, 이를 고치려면 어떻게 해야 할지 생각해 봅시다.

3장

영적 에너지를 충전하는 법

31Day

믿음

우리를
지켜 주는 것

 묵상

근래 광장공포증에 시달리는 사람들이 늘었다고 합니다. 광장공포증이란 갑자기 자신이 낯선 곳에 홀로 버려진 느낌이 드는 것입니다. 마치 여행지에서 길을 잃어버렸을 때처럼 심각한 불안감을 느끼는 광장공포증은 인간이 원시 시대부터 무리 지어 다니는 특징에서 비롯되었다고 합니다. 다른 짐승보다 빠르지도, 강하지도 못한 인간은 무리 안에 있어야만 안전함을 느낄 수 있었고, 무리를 떠나는 것은 곧 죽음을 의미했습니다. 날이 갈수록 극단적 선택을 하는 사람이 증가하는 현상도 이런 심리적인 원인이 배경에 깔려 있습니다. 자신을 도와줄 사람이 아무도 없는 고립무원 상태, 무리에서 떨어져 나왔다는 불안감이 극단적 선택에 영향을 미칩니다.

이럴 때는 믿음이 필요합니다. 누군가가 나를 지켜 준다는 믿음, 죽음의 골짜기를 간다 하더라도 주님께서 함께하실 것이란 믿음이 죽음의 길로 들어서는 이들의 손을 잡아 줍니다.

인생은 배움과 깨달음을 얻는 과정이며, 정신적 성숙과 영적 성장의 기회이자 시련의 장입니다. 그래서 인간의 자유는 조건으로부터의 자유가 아니라, 조건에 대하여 어떤 태도를 취할 수 있는가의 자유라고 합니다. 여기서 믿음이 우리를 끝까지 지켜 줄 것입니다. 특히 성모님에 대한 믿음은 마음이 불안하고 불안정한 사람들에게 큰 힘이 됩니다. 성모님은 언제나 우리 곁을 지켜 주시는 어머니이시기 때문입니다.

 마음 일기

 TIP

마음이 힘들 때 십자가 위의 주님, 그리고 성모님과 눈을 마주하며 대화를 나누는 시간을 가지길 바랍니다.

32.Day

기도

인류가 만든 만병통치약

🌼 묵상

고해소에서 가끔 "신부님, 저는 기도하다가 졸았습니다."라는 말을 듣습니다. 이것이 죄가 될까요? 기도란 하느님 안에서 내 영혼을 쉬게 하는 것입니다. 엄마 품에 안긴 아기가 편안히 자는 것처럼 하느님을 편하게 느끼면 조는 것이 당연합니다. 어쩌면 기도 시간에 조는 분들이야말로 하느님을 진정 편안하게 받아들이는, 믿음이 아주 깊은 분인지도 모르겠습니다. 그래서 저는 잠이 안 와 고민인 분들에게 자주 묵주 기도를 권합니다. 단조로운 기도문을 외다 보면 저절로 잠이 오기 때문입니다. 가끔 기도 중에 졸지 않으려고 발버둥치는 분들을 보는데 그럴 필요가 없습니다. 기도 시간에는 몸이 가는 대로 두는 것이 좋습니다. 사람은 편안한 시간을 가져야 지친 마음과 몸이 재충전되는데 기도야말로 부작용 없는 수면제입니다.

기도는 사람을 변화시키기도 합니다. 아우구스티노 성인은 젊은 시절 어머니 속을 썩이는 아들이었으나 어머니 모니카 성녀가 기도하는 모습을 보고 회개하였다고 합니다. 또한 어떤 집은 부부가 이혼 직전까지 갈 정도로 사이가 안 좋았는데 아이들이 부모를 위해 기도하는 모습을 보고 화해했다고 합니다.

기도는 인류가 만든 만병통치약으로 뇌의 영적인 영역을 발달시켜 우리가 사람다운 사람이 되게 합니다. 기도하지 않으면 뇌의 동물 같은 영역만 발달하여 사람답지 못한 사람이 됩니다. 종교 탄압국이 야만화되는 현상이 이를 입증합니다.

 마음 일기

 TIP

편안한 마음을 가지고 하루 30분씩 주님과 대화하는 시간을 가져 보길 바랍니다.

33 Day

십자가

삶을 풍요롭게
해 주는 무기

 묵상

　십자가를 지고 나를 따르라는 주님의 말씀은 많은 신앙인을 곤욕스럽게 합니다. 이 말씀을 액면 그대로 받아들인 어떤 신자들은 실제로 십자가를 만들어서 지고 가는 행위를 연출하기도 하고, 어떤 이들은 힘든 일이 생기면 "이게 다 내 십자가야." 하면서 한탄합니다. 그것이 십자가 콤플렉스, 힘든 것은 다 주님께서 주신 십자가라고 생각하는 경향입니다.

　흔히 지금 내가 불행한 것은 다른 사람들이 나를 불행하게 만들어서라고 생각합니다. 타인이 나의 십자가라는 것이지요. 그래서 남편도, 자식도 십자가라고 합니다. 그런 생각 때문에 평생 남의 탓이나 하고 사는 사람, 아무리 충고를 해 주어도 귀 닫고 사는 사람이 됩니다. 그러나 다른 사람을 바꿀 수는 없어도, 나 자신은 바꿀 수 있습니다. 그래서 "내 인생의 십자가는 바로 나로구나." 하는 생각이 참 중요합니다.

   십자가는 인간이 추구해야 할 삶의 상징적 표현입니다. 사방으로 뻗은 가지들은 위로는 하느님을 향한 마음, 아래로는 자신의 마음속 깊은 곳을 들여다봄, 좌우는 세상 모든 것을 아우름을 의미합니다. 이렇게 사방으로 자신을 열어 놓을 때 십자가는 고통이 아니라 새로운 삶을 제공합니다. 형벌이 아니라 내가 더 복음적인 삶을 살 수 있는 길을 보여 주는 상징인 것입니다. 이런 생각을 가져야 십자가가 삶을 풍요롭게 해 주고, 세상 역경을 헤쳐 나갈 때 손에 든 무기가 됩니다.

 마음 일기

TIP

내가 힘들어하는 일이나 사람에 대하여 생각해 보고, 그것들이 내게 어떤 의미가 있는지 살펴보는 시간을 가지기를 바랍니다.

34*Day*

성경

마음의 오염을 막기 위하여

 묵상

우리는 말의 홍수에 빠져서 삽니다. 그런데 이 말들이 정신 건강에 이로우면 좋겠는데 그렇지 않은 것들이 너무 많습니다. 그래서 현대인들은 오염된 말의 홍수 속에서 영혼이 서서히 무너져 갑니다. 이렇게 건강하지 못한 말로 인해 마음이 오염된 사람들에게는 맑은 물과 같은 말씀이 필요합니다. 즉 성경을 본다는 것은 하루 종일 때에 찌든 마음을 씻어 내는 효과를 갖기에 교회는 성경을 묵상하라고 권합니다.

마음을 씻지 않으면 처음에는 가렵고 불편할 것입니다. 그런데 시간이 지나며 적응이 되면 씻지 않아도 편안한 상태가 오고 나중에는 씻는 것이 아주 귀찮아집니다. 그래서 다른 사람들이 더럽다고 해도 개의치 않게 됩니다. 이처럼 오염된 말에 젖어 살면 자신의 영혼이 점점 더 망가져 간다는 것을 깨닫지 못하고 결국에는 어둠의 나락으로 떨어지게 됩니다.

어느 분야든 성공한 사람들의 비결은 인내, 끈기였습니다. 끈기는 타고나는 것이 아니라 훈련으로 기르는 것입니다. 공부든 운동이든 사업이든 순풍에 돛 단 배처럼 단기간에 성과를 얻을 수는 없습니다. 무너지면 다시 쌓고 쓰러지면 다시 일어나는 과정을 수도 없이 반복하면서 죽을 듯한 힘겨움을 넘어섰을 때 성공이란 결실을 얻습니다. 성경을 읽는 것도 마찬가지입니다. 꾸준히 성경을 읽기 위해 끈기 있게 노력해야 영혼을 맑게 하는 결실을 낼 것입니다.

 마음 일기

 TIP

성경을 하루에 몇 번이나 읽어야 할까요? 외모가 아름다운 만큼 내면도 아름다워지려면, 외모에 신경 쓰는 만큼 성경을 읽어야 한다는 답이 나옵니다.

35 *Day*

성물

하느님께
가까이 다가가고 싶다면

묵상

교회에서는 기도의 수단으로 성물을 사용합니다. 예수님께서는 무거운 짐을 지고 허덕이는 사람들은 다 당신에게로 오라고 말씀하셨기에 많은 사람이 십자가를 보며 큰 위로를 받습니다. 일부 종교인들은 성상을 사용해 주님과 성모님의 삶을 묵상하기도 하는 이런 기도 방식이 우상 숭배라고 비난하기도 합니다.

그러나 교회에서 성물을 사용하여 기도하는 것은 하느님을 공경하고, 하느님께 좀 더 가까이 다가가기 위해서, 하느님을 찬미하기 위해서입니다. 수영장에서 처음 수영을 배우는 사람들은 물에 뜨기 위해 도움을 주는 무엇인가를 잡고서 운동을 합니다. 익숙해지면 그때부터는 아무것도 잡지 않고 수영할 수 있지요.

신앙생활도 마찬가지입니다. 아직 믿음이 약한 사람들에게는 눈에 보이는 성상, 성물들이 믿음을 돈독히 하는 데 도움이 됩니다. 한 가지 주의할 것은 성물은 우리가 기도할 때 도움을 얻는 수단이지 성물 자체가 공경의 대상이 아니라는 점입니다. 거룩한 물건이지만 신적인 공경을 받는 대상은 아닙니다. 성상이나 성물을 신처럼 섬긴다면 그것은 다른 종교인들이 말하는 우상 숭배가 됩니다. 성물을 함부로 하지 않는 것은 좋은 자세이지만 성물을 신격화하는 것은 주객전도이기에 조심해야 합니다.

 마음 일기

TIP

모든 것을 포기해야 할 때 "이것만은 놓치기 싫다."라며 부여잡는 것이 있다면 그것이 당신 인생에서 가장 소중한 것입니다. 어려움에 처했을 때 내가 붙잡고 기도한 성물이 있었는지 생각해 봅시다.

36 Day

성인

완덕의 길

🌸 묵상

교회에서는 성인들을 멘토로 삼아 신앙생활을 하도록 권해 왔습니다. 그런데 성인들을 따르는 삶을 살려고 성인전을 읽으면 생기는 심리적 문제들이 있습니다. 일명 성인 콤플렉스라는 것입니다. 성인처럼 되고 싶은데 그렇게 되지 못하는 자신에 대한 종교적 열등감입니다.

성인전에 나오는 성인들은 완전한 사람처럼 묘사됩니다. 그런 분들을 따르자니 심리적으로 부작용이 생길 수밖에 없습니다. 그러나 성인들도 인격적으로 완전하지 않았습니다. 열두 사도 중 베드로 사도는 욱하는 성격의 소유자였고, 자신이 주님의 제자가 아니라고 몇 번이나 부인할 정도로 나약한 성격이었습니다. 토마스 사도는 의심이 많아서 주님께 핀잔을 들었고, 야고보 사도는 자리에 욕심이 있었습니다. 요한 사도는 주님을 버리고 도망칠 정도로 비겁했습니다. 그러나 성인들은 자신의 약점을 이겨 내고 완전한 인격을 지니기 위해 평생을 노력한 분들입니다. 이 점을 생각해 보면 누구라도 성인이 될 가능성이 있다는 말을 다시 한번 떠올리게 됩니다.

간혹 성인들의 삶을 그대로 살고자 하는 분들이 있습니다. 물론 훌륭한 분들의 삶을 따르고 싶은 마음은 이해할 수 있지만, 다른 사람의 삶을 모방하는 것은 바람직하지 않습니다. 나는 하느님께서 주신 나의 길을 가야 합니다. 그래야 자기 안의 모든 것을 다 써서 완덕의 길을 걸을 것입니다.

 마음 일기

TIP

내가 멘토로 삼고 싶은 성인이 있는지 생각해 보고, 그분의 어떤 점을 내 삶에 적용하면 좋을지 고민해 봅시다.

37 Day

피정

영혼의 보약

🌼 묵상

기도가 사람의 건강에 영향을 미칠까요? 미국의 심장병 전문의 벤슨 박사는 노인 73명을 선발해 절반은 홀로 기도하는 시간을 꼭 갖도록 하고, 나머지는 평소대로 살게 했다고 합니다. 3년간의 관찰 결과, 아침저녁으로 기도한 이들은 혈압이 낮아지고 병에 대한 면역력이 높아지는 사실을 발견했습니다. 이를 통해 수도원에 사는 사람들이 장수하는 이유가 규칙적인 기도, 식사와 깊은 연관성이 있음을 알게 되었습니다. 일본에서는 이 원리를 이용해 정숙 치료법을 만들었습니다. 우울증이나 불안이 심한 사람을 열흘간 명상하게 하여 치료하는 것입니다.

교회에서는 오래전부터 이 정숙 치료법, 수도원 피정을 사용해 왔습니다. 피정 후에 정신적 건강을 얻었다고 느끼는 분들이 많은 까닭은 바로 이런 의학적 효과 때문입니다. 특히 수도자들이 늘 기도하는 곳에는 영적인 기운이 있어, 피정은 심리적으로 허약한 사람들에게 보약 같은 기능을 합니다. 그래서 정신적으로 지친 분들에게 수도원 피정을 권유하지요. 우울감이 밀려올 때 자기만의 공간에서 기도하며, 하느님께서 주시는 힘을 느껴 보기 바랍니다. 어떤 형태의 기도든 대부분은 우리가 더 높은 자아나 영적 근원을 체험하도록 이끌어 줍니다. 그 체험이 확실하게 느껴지지 않더라도 걱정할 필요 없습니다. 그저 몸과 마음의 긴장을 풀고 꾸준히 계속 기도하기만 하면 됩니다.

 마음 일기

 TIP

시간을 낼 수 있다면 수도원으로 피정을 가거나, 혹시 떠나기 어려운 분들은 집에 작은 기도 공간을 만들어 기도해 보세요. 좋은 효과를 얻을 수 있습니다.

영적 에너지를 충전하는 법

38 Day

명상

마음을 다스리는 시간

🌼 묵상

예전에 가좌동 성당 재개발 당시에 성당을 지켜 주십사, 성당 문 앞에 예수성심상을 모셨습니다. 어느 날 새벽, 한 취객이 예수성심상 앞에서 주정을 부리는 소리가 들렸습니다. 어떻게 할까 망설이다가 주님께 이렇게 말씀드렸습니다. "주님을 찾아온 사람이니 알아서 하세요." 그 후에도 취객은 가끔 성당을 찾아 주님상에 대고 하소연을 했습니다. 그 모습을 보며 '신앙심은 주님을 찾아뵙는 횟수와 비례한다.'라는 말이 떠올랐습니다.

우리는 예상치 못한 일이 생기면 심한 불안감을 느낍니다. 불안감이 마음에 스며들면 생각이 미친 듯이 날뜁니다. 그럴 때는 기도해야 합니다. 조용한 성당 안에서 오래도록 기도하는 이들에게서 힘이 느껴지는 것은, 그들이 기도를 통해 마음을 다스리기 때문입니다.

요즘은 멍하게 있는 시간이 필요하다고 권장합니다. 외부 환경에 쫓기면 내부에는 회오리바람이 불어 심한 스트레스를 받습니다. 그래서 가끔 아무 생각 없이 있는 시간이 필요합니다. 이를 교회 용어로 성체 조배, 기도, 혹은 명상이라고 표현합니다. 의미 없는 삶은 사람을 피폐하게 하고, 죽음의 길로 이끕니다. 그래서 믿음을 갖는 것이 중요합니다. 믿음은 희망을, 희망은 삶에 의미와 동기를 부여하기 때문입니다. 잠시 쉬며 조용히 기도하고, 명상하는 시간을 통해 지쳐 있는 내 마음을 돌봐주고, 삶의 의미를 찾아가도록 도와주시길 청해야 합니다.

 마음 일기

 TIP

자주 "어떻게 기도해야 하나요?"라는 질문을 받습니다. 친한 친구와 수다 떠는 것처럼 기도해 보세요. 혹은 사랑하는 연인을 바라보듯 그냥 성모상을 바라보기만 해도 좋습니다.

39 Day

질문

늘 묻고 생각하기

🌸 묵상

　가톨릭 교회의 기도문 중 '고백 기도'에는 '생각과 말과 행위로 죄를 많이 지었다'는 구절이 나옵니다. 이 부분을 보면 "생각도 죄일까?" 하는 의문이 떠오릅니다. 우선 죄가 어떤 것인지부터 생각해 봅시다. 개념적으로 죄란 관계를 망가뜨리는 행위, 상대방에게 피해를 입히는 행위를 말합니다. 죄를 짓는 수단은 말과 행동입니다. 행동뿐 아니라 말로도 사람에게 정신적인 폭행을 가할 수 있습니다. 따라서 말과 행동으로 지은 죄라는 이 기도문은 틀린 말이 아닙니다. 그런데 생각의 경우는 다릅니다. 상대방에 대하여 좋지 않은 생각을 하는 것도 죄가 될까요? 그렇지 않습니다. 우선 생각으로 사람을 해치는 것은 불가능합니다. 생각은 그냥 생각일 뿐 어떤 구체적인 행위가 아니기에 생각으로 죄를 짓는 것은 비현실적입니다.

생각은 의지적인 생각과 무의식적인 생각으로 나뉩니다. 사람은 의지적인 생각보다 의지로 통제할 수 없는 무의식적인 생각을 할 때가 더 많습니다. 흔히 말하는 분심이 바로 이것입니다. 그런데 그런 생각은 사람이 만든 것이 아니라 정신 구조 안에서 자연스럽게 떠오르는 것이라 죄가 되지 않습니다.

그런데 왜 기도문에서는 생각도 죄가 된다고 할까요? 아마 좋지 않은 생각이 좋지 않은 행동을 하는 원인이 되기에 이를 원천 차단한다는 표현일 것입니다. 이렇게 늘 묻고 생각하는 신앙생활을 하는 것이 건강한 신앙생활에 도움이 됩니다.

 마음 일기

TIP

가톨릭 교리 가운데 납득하지 못하는 것들을 떠올려 보세요. 그리고 이 물음에 대한 답을 찾기 위해 공부해 보기 바랍니다. 질문에 대한 답을 찾다 보면 믿음이 단단해질 것입니다.

40*Day*

의심

주님께
물음을 던지는 삶

🌸 묵상

신앙생활을 시작하는 이들은 종종 "믿음에 한 치의 의심도 없어야 한다."라는 말을 듣습니다. 물론 믿음은 중요합니다. 믿음이 없다면 교회뿐만 아니라 인간 공동체는 온갖 분란이 생겨 존재할 수 없습니다. 그러나 우리는 심리적으로 약합니다. 다시 말해, 온전한 믿음을 가질 수 없는 심리적 구조를 지녔다는 것입니다. 그렇다면 우리는 어떻게 신앙생활을 해야 할까요? 우선 우리가 의심을 지녔다고 죄책감을 가질 필요는 없습니다. 콜카타의 마더 데레사 성녀도 자신의 일생은 하느님에 대한 믿음과 의심의 반복이었다고 고백한 바 있습니다. 누구에게나 의심은 있다는 말입니다.

의심이란 물음을 의미하고, 물음은 더 공부하라고 촉구하는 기능을 합니다. 즉 의심은 내적으로 성장하기 위해 반드시 필요한 촉진제 역할을 하기에 없어서는 안 되는 것입니다.

신앙인들은 구도자의 삶을 사는 사람들이고, 구도자들은 죽을 때까지 배우는 마음으로 삽니다. 우리는 주님께 물음을 던지는 삶을 살아야 합니다. 물음 없이 맹목적인 신앙을 가지려고 하면 공동체는 고인 물이 되어 융통성 없는 조직으로 변질되고 퇴행하고 맙니다. 더욱이 그 안의 개인은 평생을 심리적 노예에서 벗어나지 못합니다. 그래서 의심과 물음은 내적 성장에 필수적인 것입니다. 그러니 믿음이 약해 의심하였다고 해서 죄책감을 가질 필요는 없습니다.

 마음 일기

나는 신앙인으로서 무엇을 의심하며 살아가는지 돌아봅시다. 내가 주님 앞에서 묻고 싶은 것은 무엇인가요?

41 Day

구원관

참된 의미의 구원

 묵상

종교마다 영혼이 사후에 구원받는다는 구원론이 있습니다. 가톨릭의 구원관은 엄격한 편입니다. 대부분 신자들은 티끌만한 죄도 짓지 않아야 천국에 가고, 죄를 지은 자들은 회개하여 그 죄를 다 씻을 때까지 연옥에서 시간을 보내야 한다고 배웁니다. 그래서 하느님을 사랑하지만, 자신은 구원받을 자격이 없다는 종교적 자격지심과 구원 불안증에 시달리지요. 이는 구원을 천국에 들어가기 위한 자격시험처럼 여기기 때문입니다. 하느님 마음에 드는 사람들은 천국, 하느님께서 보기 싫어하는 사람은 지옥에 가는 식으로 이분법적으로 보는 것입니다. 그래서 "예수 천국 불신 지옥"이라고 외치는 병적인 믿음을 지닌 사람들이 생깁니다.

'죽어서 어디로 갈 것인가' 하는 것을 중요시하는 구원론은

말 그대로 유물론적인 구원론입니다. 참구원이란 주님의 말씀을 접하고 내적인 자유를 얻는 것입니다. 마치 자캐오가 주님을 접하고 내적인 변화를 가진 것처럼 마음속에서 자아를 괴롭히는 소리에서 벗어나도록 자유로움을 주는 말씀을 받아들이는 것이 참된 의미의 구원입니다.

심리 치료에서는 사람은 생존, 사랑과 소속감, 힘, 자유, 즐거움이라는 다섯 가지 조건이 충족되어야 행복하다고 합니다. 우리도 자유롭게 행복하게 살아야 합니다. 그것이 진정한 구원의 길로 향하는 방법일 것입니다.

 마음 일기

TIP

나에게 하느님은 어떤 분이신가요? 내가 지금 죽는다면, 천국으로 곧장 갈 수 있을까요? 못 간다고 생각한다면 무엇 때문에 그렇게 판단했는지 내 마음을 깊이 살펴봅시다.

42.Day

감사

믿음을 키우는
가장 좋은 방법

 묵상

신앙인이라면 누구나 굳센 믿음을 가지고 싶어 합니다. 그래서 기도도 하고 성지 순례도 다니지만 믿음을 갖기는 쉬운 일이 아닙니다. 하느님에 대한 믿음은 사람에게 믿음이 생기는 것과 유사합니다. 그럼 사람은 어떻게 믿을 수 있을까요? 우선 상대방이 내 마음에 드는 행동을 해야 하고 그 마음이 변하지 않는 것을 보여 주어야 합니다. 상대방이 내게 잘해 주어야 신뢰와 사랑이 생긴다는 것입니다. 신앙도 마찬가지입니다. 하느님에 대한 믿음은 하느님께서 우리에게 얼마나 잘해 주시는가와 연관성이 깊습니다. 아무리 기도를 해도 하느님께 받은 게 없다고 생각하면 불신이 생길 수밖에 없습니다. 반면 너무나 많은 은총을 받았다고 생각하면 자연스럽게 감사 기도를 바치고 사랑과 믿음을 갖게 됩니다.

그런데 사람은 일이 잘 풀리면 자기가 열심히 한 결과라고 생각하고, 아무 결실을 얻지 못하면 하느님께서 기도를 안 들어주셨다고 원망하곤 합니다. 주님께서도 당신이 고쳐 주신 나병 환자들이 감사 인사를 하지 않자 "깨끗해진 사람은 열 명인데……." 하며 섭섭함을 토로하신 적이 있습니다(루카 17,11-19 참조). 주님의 마음도 사람과 진배없다는 것을 보여 주는 대목입니다. 믿음은 감사하는 마음에서 생깁니다. 어린이들이 "감사합니다."라고 인사하면 어른들은 아이들이 예뻐서 무엇이라도 주려 합니다. 하느님께서도 같은 마음이십니다.

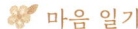 마음 일기

 TIP

소소한 것에서 행복을 느끼는 사람은 감사함도 함께 갖습니다. 모든 것이 당연하지 않음을 깨달을 때 하느님에 대한 믿음도 가질 수 있습니다. 그러니 감사 노트를 써 보세요.

43 Day

사랑

사랑에서 시작되는
마음 건강

🌸 묵상

주님께서는 사랑을 강조하십니다. 그런데 사랑에 대하여 교우들이 혼란스러워하는 부분이 있습니다. 첫 번째는 자기 자신에 대한 사랑입니다. "하느님과 이웃 사랑은 알겠는데 자기 자신을 사랑하라는 것은 이해가 안 간다. 자기를 사랑하는 것은 이기적인 사람이 아니냐?" 하고 반문하는 분들이 많습니다. 사랑은 세 가지가 균형이 잡혀야 합니다. 나와 하느님, 나와 너, 그리고 나와 나와의 사랑의 관계입니다. 이 중 나와 나와의 사랑이 가장 소홀하게 여겨집니다. 자신을 미워하거나 홀대하면 마음속이 사막처럼 황량해지고, 사랑의 물이 메말라 버리기 때문에 무엇보다 자신을 사랑하는 일을 소홀히 하면 안 됩니다.

두 번째는 사랑을 꼭 마음속에 진솔한 감정을 가득 채워서 해야 하는 것이라고 여기는 것입니다. 그래서 미운 사람을 사랑해야 하는데 마음을 다하지 못하였다는 웃지 못할 고백을 듣곤 합니다. 미운 사람을 용서해 주는 것도 힘든데 사랑하는 감정까지 다하란 것은 죽으란 말과 같습니다. 그러니 감정이 실리지 않더라도 죄책감 가질 필요가 없습니다. 사람은 사람에게 상처를 주고 아픔을 줍니다. 그런데 그 상처를 치유해 주는 것 또한 사람입니다. 돈이 아무리 많아도 같이 밥 먹고 같이 놀아 주는 사람이 없으면 불행합니다. 가난해도 의지하고 마음을 나눌 친구가 있는 사람들은 행복합니다. 그래서 주님께서 '네 이웃을 네 몸처럼 사랑하라.' 하고 말씀하신 것입니다.

마음 일기

TIP

사랑은 존중입니다. 이것이 우리가 사는 이 작은 세상에서 분열과 전쟁을 없애는 유일한 방법입니다. 일상에서 나와 다른 사람을 배척하거나 혐오하지 않기 위해 어떻게 해야 할지 고민해 보세요.

44Day

받기

받는 것도 영성

🌸 묵상

사람을 보는 관점은 여러 가지입니다. 그중에는 받는 사람이냐, 주는 사람이냐 하는 것도 있습니다. 평생을 다른 사람이 주는 것을 받고만 사는 이들이 있습니다. 반대로 자신이 가진 것을 늘 남에게 주고 사는 사람들도 있습니다. 자기도 가진 것이 없으면서 다른 사람들을 도우려는 분들은 주위 사람들에게 칭찬을 듣습니다. 복음적인 삶을 사는 성인 같은 사람이라고 칭송을 듣는 것입니다.

자신이 가진 것을 내어놓는 삶은 참으로 훌륭합니다. 그런데 자신은 늘 다른 사람들을 챙겨야 하는 사람이라고 강박적으로 생각하는 분들은 스스로 삶을 돌아볼 필요가 있습니다. 이들의 내면에는 인정 욕구를 채우고자 하는 아이가 앉아 있습니다. "이거 줄게, 나도 불러 줘." 하고 사탕을 내미는 외로운 아이가 있습니다.

건강한 삶을 살기 위해서는 베푸는 삶을 살아야 합니다. 그러나 옛 성현들의 말씀처럼 너무 한쪽으로 기울어지는 것은 바람직하지 않습니다. 이들은 다른 사람들에게 주는 만큼 받는 훈련도 해야 합니다. 대개 다른 사람들에게 주려고만 하는 분들은 받는 것을 아주 불편해합니다. 이것을 착한 사람 콤플렉스라고 합니다. 착한 것이 아니라 사람의 자존감을 떨어뜨리는 주범입니다. 그러니 심한 사람들은 불편하더라도 받는 연습을 하여 마음의 균형을 잡아야 합니다.

 마음 일기

나는 주는 사람인가요? 받는 사람인가요? 내 안의 아이는 어떤 모습인지 살펴보기 바랍니다.

45 Day

 축복

기도에는
힘이 있다

🌼 묵상

저는 평소 "기도하세요."라는 말을 자주 합니다. 기도에는 힘이 있습니다. 첫 번째로 기도하면 소원이 이루어집니다. 어떤 분은 이렇게 묻기도 합니다. "기도가 사람도 달라지게 할 수 있나요?" 당연히 바꿀 수 있습니다. 특히 잠잘 때 기도해 주면 좋습니다. 잠이 들었을 때 무의식은 깨어 있습니다. 그래서 자는 사람의 머리에 손을 얹고 축복해 주면 무의식이 알아듣습니다. 의식은 거부하는 힘이 강해도, 무의식은 의식에 비해 쉽게 받아들이기에 자는 이에게 기도해 주면 효과가 좋습니다.

두 번째로 기도는 걱정거리를 해결해 줍니다. 힘든 일이 생기면 걱정이 따라옵니다. 그러나 걱정을 아무리 해도 답은 나오지 않고 머리만 지끈거립니다. 그렇기에 힘든 일이 생겼을 때 걱정보다 먼저 기도를 해야 합니다. 하느님께 기도를 바치다 보면 불현듯 답이 떠오릅니다. 이렇게 기도로 어려운 일을 풀어 가면 몸과 마음이 스트레스를 덜 받습니다.

영성이란 인간이 자신의 본모습을 찾아가게 하는 알맹이로, 하느님께서 우리 안에 심어 주신 영적 에너지를 담고 있는 씨앗입니다. 그리스도인의 목표가 예수님을 닮아 가는 데 있다면, 영성에는 우리가 예수님을 닮아 갈 수 있도록 하는 모든 것이 담겨 있습니다. 자신 안의 신성성을 체험하기 위해서는 모든 것을 내려놓는 시간이 필요합니다. 내 모든 근심 걱정을 하느님께 다 맡기고 힘을 뺀 상태로 기도하길 바랍니다.

 마음 일기

 TIP

기도는 사람을 달라지게 합니다. 내가 축복해 주고 싶은 사람의 목록을 작성해 보세요. 그리고 그들을 한 명씩 하느님께 맡기는 기도 시간을 가져 보세요.

4장

일상에 생동감을
불어넣기

46 Day

식사

즐거운 한 끼가
만드는 행복

🌸 묵상

포르투갈 파티마로 순례를 갔을 때 신자들이 성물방에서 나오질 않아 들어가 보았더니, 외국인 수녀님과 손을 맞잡고 떨어지질 않고 있었습니다. 말이 통하지 않아도 환하게 웃는 얼굴이 엄마 얼굴 같아 손을 놓을 수가 없었다고 하더군요. '웃는 얼굴에 침 못 뱉는다.'라는 말도 있지만, 웃음은 모든 민족의 마음을 열어 주는 강력한 열쇠이며 그 사람의 영성을 가늠할 수 있는 척도입니다.

스트레스를 받으면 혈압이 올라가고 심장이 빨리 뛰며, 콜레스테롤 수치가 올라가고 면역 기능도 떨어집니다. 심지어 스트레스 때문에 죽기도 합니다. 그래서 스트레스의 위험성을 자주 경고하곤 합니다. 스트레스를 푸는 가장 좋은 방법은 좋은 사람들과 즐거운 시간을 갖는 것입니다. 식사하며 웃을 수 있는 사람들은 행복하지만, 그렇지 못한 사람들은 불행합니다. 페루에서 선교 활동을 하던 한 선교사가 말하기를, 남미의 가난한 농부들은 풍족하지 않은 상황에서도 식구들과 함께 웃고, 떠들면서 식사한다고 합니다. 그런데 경제적으로 더 나은 조건의 북미 사람들은 식사 자리가 삭막하기 그지없다고 합니다. 이처럼 못 먹는 사람보다 잘 먹는 사람들이 행복할 것이란 생각은 틀렸습니다. 밥상에서의 행복은 매우 중요합니다. 모든 스트레스를 날리는 자리이기 때문입니다. 밥상은 단순히 밥만 먹는 곳이 아니라 마음을 다루고, 마음을 채우는 공간입니다.

 마음 일기

TIP

가장 행복했던 식사 자리는 언제였나요? 힘들고 우울할 때 먹었던 맛있는 음식은 무엇이었나요? 그날을 추억해 보세요. 만약 없었다면 즐거운 식사 자리를 만들 방법을 떠올려 보세요.

47 Day

공감

사람의 마음을 사로잡는 법

 묵상

돈 안 들이고 사람의 마음을 사로잡으려면 어떻게 해야 할까요? 공감해 주어야 합니다. 상대방의 마음을 듣고 같이 느껴 주는 것입니다. 부부 싸움으로 상담을 청하는 분들 대부분이 상대방의 이야기를 듣기는커녕 자기 이야기만 하다가 싸우는 경우가 허다합니다. 남편이 아내에게 "여자들이 집에서 하는 일이 뭐가 있어?" 하고 소리칠 때 보통 "그럼 내가 돈 벌어 올 테니 당신이 집안일해 봐." 하고 소리 지를 것입니다. 남편도 마찬가지입니다. "다른 집 남자들은 돈만 잘 벌어 오는데 당신은 왜 그래!" 하면서 아내가 타박하는데 "당신 말이 맞아. 난 못난 이야."라고 말할 남편이 어디 있을까요? 대부분은 공감 부족에서 싸움이 시작된다고 보아도 과언이 아닙니다. 본당에서도 신자들이 신부를 잘 따르고, 떠난 다음에도 잊지 못하는 경우는 그 신부가 공감을 잘해 준 사람일 때 그렇습니다.

최근 많은 사람이 외로움 때문에 사이비 교단으로 향합니다. 기성 종교는 아무도 자기 이야기를 들어 주지 않는데, 사이비 종교는 전폭적으로 이야기를 들어 주기에 간다는 것입니다. 불평하는 한 고객 뒤에는 불만을 가진 고객 수백 명이 숨어 있습니다. 그들이 겪은 한 번의 불쾌한 경험이 기업을 쓰러뜨립니다. 비행기도 볼트 하나 때문에 추락할 수 있듯이, 사소한 행동이 큰 변화를 가져온다는 점을 잊지 말아야 합니다. 우리의 작은 관심을 통해 사람들과의 관계가 더 깊어질 수 있습니다.

 마음 일기

TIP

나에게 누가 불만을 가졌을지 생각해 보세요. 그리고 그의 이야기를 어떻게 잘 들어 줄 수 있을지 고민해 봅시다. 공감은 시간과 공간을 넘어서는 최고의 대화 수단이라는 점을 잊지 마세요.

48 Day

내적
동기

팽이처럼

 묵상

팽이가 잘 돌려면 세 가지 요소가 필요합니다. 팽이 자체에 회전을 유지할 수 있는 질량이 있어야 한다, 평탄한 토대여야 한다, 팽이가 고속으로 회전해야 한다는 것입니다. 이는 사람의 정신 구조와 유사한 원리입니다. 그렇다면 내 인생을 잘 도는 팽이처럼 만들려면 어떻게 해야 할까요? 바로 내적 동기가 중요합니다. 내적 동기란 내면에서 우러나오는, 무엇인가 하고자 하는 의욕과 의지의 마음입니다. 이는 자동차의 엔진, 심장과도 같습니다.

내적 동기가 강한 사람은 자신의 영역에서 중간 이상, 혹은 높은 수준의 모험성에 도전하는 경우가 많습니다. 이들은 경제적 욕망, 명예보다는 스스로 설정한 성취 수준에 도달함으로써 만족을 얻습니다. 또한 한 영역에 깊이 몰두하고, 어떤 문제에서 모순을 발견하길 좋아합니다. 그리고 그 모순을 제거하려 노력합니다. 역경, 유혹에 굴하지 않고, 이전에 경험하지 못한 일에 대해 자신감을 갖고 도전하는 것입니다. 객관적이고 구체적인 정보를 계속 추구하며, 정확한 판단을 하고자 하지요. 또한 목표를 선택해서 그것이 완성될 때까지 그 일에 열중하고 노력하며, 일을 끝까지 성취하기 위해 모든 노력을 다합니다.

이렇게 생동감 있게 사는 사람을 보면 그의 인생에서 잘 돌아가는 팽이가 보입니다. 사제, 수도자들이 같은 옷을 입고 있어도 사는 모습이 다른 이유는 바로 이것 때문입니다.

 마음 일기

 TIP

나는 어떤 일에 의욕을 느끼나요? 어떤 일을 할 때 의지를 가지고 움직이나요? 내 마음속 팽이가 항상 잘 돌아갈 수 있도록 나의 모습을 돌아봅시다.

49 Day

경청

누구에게나
심리적 공간이 필요하다

🌼 묵상

나무들이 어릴 때는 간격을 촘촘하게 심지만, 자라면서 커지면 옆 나무와 거리를 두도록 만들어야 합니다. 그렇지 않으면 제대로 크지 못합니다. 사람도 마찬가지입니다. 상담 중에 나이가 들어도 여전히 부모에게 손 벌리는 자식들의 이야기를 수도 없이 듣습니다. 어린 시절에는 부모가 옆에 있어야 하지만, 커 갈수록 거리를 두어야 합니다. 이를 심리적 공간이라 합니다. 나이가 들어서도 부모가 다 챙겨 주는 자식, 심리적 공간을 주지 않은 자식들은 제대로 성장도 성공도 못 하고 부모에게 의존하게 됩니다. 상담론에서는 가장 중요한 상담 기법을 경청이라 합니다. 그런데 부모들은 대부분 이것을 잘 못합니다. 아이들이 잘못한 듯하면 잔소리를 쏟아 냅니다. 그러면 아이들은 무기력해질 수밖에 없습니다. 상대방의 말을 끊고 자기 이야기만 하는 사람은 심리적 공간이 좁아서, 즉 마음 그릇이 너무 작아 다른 사람의 이야기를 담을 수 없는 것입니다.

사람과 사람은 대화로 관계를 만들어 갑니다. 그 안에서 심리적 공간을 제공하는 것은 아주 중요합니다. 그러려면 상대방의 이야기를 잘 들어야 합니다. 인간은 사회적 동물이기에 대화로 얻는 즐거움이 무엇보다 큽니다. 대화가 즐거우려면 서로 공유되는 '지식과 정보'가 많아야 합니다. 그래서 나이가 들수록 젊은 세대의 문화를 배워야 하고 그들과 대화해야 합니다. 그렇지 않으면 자기 생각에만 사로잡히게 됩니다.

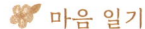 마음 일기

TIP

서로에게 좋은 자극을 주며 생활에 활기를 불어넣으려면 긍정적이고 유쾌한 대화를 해야 합니다. 잔소리를 하고 싶을 때는 차를 마시면서 마음을 가라앉히기를 권합니다.

50 Day

소리
치기

좋지 않은 기억에
힘들 때

 묵상

　사람들은 살면서 많은 경험을 하고 그것들을 기억의 창고에 보관한 채로 살아갑니다. 기억이란 사라지지 않고 물밑에 가라앉은 물건처럼 무의식 안에 있습니다. 우리는 자주 그 속에서 기억을 꺼내어 만져 보고 느껴 보곤 합니다. 소위 추억을 되살리는 것입니다. 그래서 삶이 각박하다고 느껴질 때 기억의 창고 속에서 그리운 추억들을 꺼내 보는 것만으로도 상당한 위로를 받습니다. 문제는 좋지 않은 기억을 가지고 사는 분들입니다. 이들은 늘 마음이 편치 않고, 좋지 않은 상황을 만나면 오래전 기억이 한꺼번에 떠올라 마음을 더러운 것으로 채워 버립니다. 마음의 힘이 약한 사람들이 우울하고 부정적인 기억에 매달려서 힘들어하는 것이지요.

　이런 문제를 쉽게 해결하는 방법은 바로 소리치는 것입니다.

겟 아웃GET OUT 요법이라고 하는데, 좋지 않은 기억을 향해 "내 안에서 나가!"라고 소리치는 것입니다. 소리를 지르면 우리 마음을 혼란스럽게 하고 무너뜨리려 하는 불편한 생각들이 우리에게서 떨어지게 됩니다.

주님께서도 마귀 들린 사람에게 그 사람에게서 나가라고 소리치셨습니다. 바로 이 요법을 시행하신 것입니다. 나를 괴롭히는 기억, 망상은 비현실적인 허상이요 먼지입니다. 소리쳐 쫓아 버리고, 내 갈 길을 간다면 어느 순간 그것들은 어디론가 사라져서 보이지 않을 것입니다.

 마음 일기

좋지 않은 기억이 떠올랐을 때 "내 안에서 나가!"라고 소리쳐 보세요. 나를 혼란스럽고 불편하게 하는 기억이 내 마음 안에서 떨어지도록 크게 외치세요.

51Day

긴장
해소

가끔은
망가져도 좋다

🌼 묵상

영국의 심리학자 데이비드 위크스 박사는 "가끔은 망가져도 좋다. 남들이 보기에 괴짜 같은 행동을 해 보라." 하고 권합니다. "짜증 내는 사람은 늙는다. 그러나 괴벽을 가진 사람은 수명이 길다. 그들은 더 좋은 항체를 가지고 있으며 심리적 압박을 갖지 않기 때문에 삶을 즐기며 산다. 따라서 남이 보기에 어떤지 상관하지 말고 자기 안의 긴장을 푸는 데 집중해야 한다."라고 처방하기도 하지요.

예전에 재개발 지역의 본당에서 사목하던 당시 저는 스트레스가 극심해 갑자기 피부병이 생겼습니다. 이런저런 약을 먹어도 가라앉지 않아 고생하던 중에 위크스 박사의 글을 보고 그의 처방을 따르기로 했습니다. 차를 운전하면서 고래고래 고함을 치고, 방에서 샌드백을 두들겨 패고, 신나는 음악에 맞추어 막춤을 추기도 했습니다. 누가 보면 '저 사람 돌았구먼.' 할 정도였습니다. 그렇게 거의 매일 속풀이를 했더니 어느 날 피부병이 없어졌습니다. 심리적 배설물들을 해소하고 나니 속이 편해져 회복이 된 것입니다. 지금도 마음이 불편하면 일단 몸을 움직여 속이 풀릴 때까지 무엇인가를 합니다. 이렇게 마음에 과부하가 걸린 것을 풀어 주고 나면, 내적으로 여유가 생기고 힘이 나는 느낌이 듭니다. 24시간 반듯하게 정장만 입고 살면 없던 병도 생깁니다. 혼자 있을 때는 널브러진 채, 망가진 채로 있는 것이 건강을 유지하는 비법입니다.

 마음 일기

TIP

마음이 불편할 때 어떤 방법으로 해소하나요? 나만의 속이 풀리는 방법을 찾아서 하루에 30분씩 자유롭게 시간을 보내 보세요.

52.Day

마음
가짐

물 한 잔에도
감사하는 태도

🌼 묵상

　성당에서 신부들이 감사하라고 하면 가끔 신자들은 짜증 날 때가 있다고 합니다. 기도해도 되는 일이 없고, 하는 일마다 다 꼬이는데 무슨 감사냐는 말입니다. 그런 마음이 들 만도 합니다. 그런데도 교회에서는 감사의 영성을 강조합니다. 감사 기도는 우리가 실망하여 우울증이나 무기력증에 빠지는 것을 막아 주는 예방약이기 때문입니다.

　왜 우리는 감사하기가 어려울까요? 사람은 감사하는 마음을 계속 가지고 살지 못할 뿐만 아니라 감사한 일을 잘 기억하지 못하고 자신이 섭섭했던 일, 손해 본 일만 기억하는 성향이 강하기 때문입니다. 어떤 신자들은 물 한 잔을 마셔도 성호를 긋고 감사 기도를 하고 마십니다. 이런 모습이 사람의 눈에도 아름다워 보이는데 하느님께서 보시기엔 얼마나 좋으실까요? 감사는 더 좋은 것을 얻을 수 있는 마음가짐입니다. 받은 것에 감사하는 마음을 갖는 사람들은 상대방에게 신뢰감을 주기에 무언가 더 주고 싶은 마음이 들게 합니다.

　신앙생활이건 사회생활이건 감사하는 마음은 나를 행복하게 하는 필수 영양제입니다. 누구나 고난을 겪습니다. 언제나 햇빛 나는 날만 있을 수는 없다는 사실을 받아들여야 합니다. 무엇이 나의 앞길을 가로막더라도 하느님께서 이를 이겨 낼 자원을 제공해 주실 것임을 믿어야 합니다. 그러니 나에게 주어진 이 모든 것에 감사하는 마음을 가지고 살아가야 합니다.

 마음 일기

TIP

　살면서 주님께서 내게 주신 은총들을 생각해 보고, 감사 기도하는 시간을 가져 보길 바랍니다.

53 Day

행복

지금 이 순간을 살맛 나게

🌸 묵상

앞날을 궁금해하는 분들을 대상으로 간단한 실험을 하였습니다. "눈을 감고 칠순 잔치를 상상해 보세요. 내 옆에 누가 있는지, 상에는 어떤 음식이 차려져 있는지 보세요. 잠시 호흡을 고르고 이번에는 팔순 잔치를 상상해 보세요. 어떤 모습인가요? 호흡을 고르고 구순 잔치를 상상해 보세요." 이런 식의 과제를 주는데, 놀랍게도 상상 속의 자신이 보입니다. 무의식에 물음을 던지면, 무의식은 지금의 상태를 근거로 앞날의 내가 어떤 모습일지를 보여 줍니다. 그런데 "앞날이 아무것도 안 보여요." 혹은 "나 혼자만 보여요." 하는 분들도 있습니다. 지금 마음 상태가 좋지 않아서 그런 것입니다.

또 "만약 자녀가 여러분과 똑같은 인생길을 간다면 기분이 어떨까요?"라는 질문을 하기도 합니다. "좋을 것 같아요."라고 대답하는가 하면 "나보다 낫게 살았으면 해요." 하는 분도 있고, 심지어 "절대로 나처럼 살면 안 된다." 하고 펄쩍 뛰는 분도 있습니다. 자기 자신을 싫어하거나 미워하기 때문에 이런 대답을 하는 것입니다. 이 문제를 해결하려면 자기를 행복하게 만들어야 합니다. 내가 행복하면 과거는 추억이 되고, 미래는 희망이 되며, 지금은 살맛이 납니다. 아우슈비츠 수용소에서 살아남은 빅토르 프랑클이라는 심리학자는 "인간에게는 자신이 던져진 환경에 어떻게 대응할 것인지 선택할 자유가 있다."라고 하였습니다. 어떤 상황에서라도 행복을 선택합시다.

 마음 일기

TIP

눈을 감고 10년 후, 20년 후, 30년 후의 자신을 상상해 보세요. 만약 앞날의 모습이 그리 좋아 보이지 않는다면 지금의 나를 행복하게 하는 데 최선을 다하십시오.

54Day

기분

기분 좋은 것만
생각하기

 묵상

평소 "기분 좋다", "기분 나쁘다", "기분이 왜 이래?" 등 기분에 대한 말을 자주 합니다. 그만큼 마음에서 기분이 차지하는 비중은 상당히 큽니다. 미국의 심리학자 테이어는 심각한 문제에 봉착한 사람들을 대상으로 열흘간 그들이 자신의 상태를 얼마나 심각하게 느끼는지 측정했습니다. 하루 다섯 번씩 특정 시간을 정해 그때마다 사람들이 자신의 문제를 어떻게 느끼는지 조사했지요. 그 결과, 사람들은 같은 문제를 놓고 오후보다는 오전에 덜 심각하게 느끼고, 긴장하거나 피곤할 때 더 심각하게 느끼는 경향을 보인다는 것을 알았습니다. 기분이 좋으면 세상사가 다 즐겁지만 기분이 나쁘면 기도도 안 되고 입맛도, 살맛도 없어집니다. 따라서 기분 관리는 아주 중요합니다.

그렇다면 사람의 기분을 바꾸는 데 시간이 얼마나 걸릴까요? 미국의 심리학자 대니얼 카너먼의 연구에 의하면, 사람이 기분이 나빴다가 좋아지는 데 걸리는 시간은 3초 이내라고 합니다. 내가 보기 싫은 사람을 생각하면 기분이 나쁘지만, 반가운 사람을 만나면 순식간에 기분이 좋아집니다. 이렇듯 사람의 기분이 바뀌는 것은 순식간입니다. 기분은 내가 조절할 수 있습니다. 기분 나쁜 것을 생각하면 기분이 나빠지니, 좋은 것만 생각하면 됩니다. 어떤 생각을 하는가는 나의 선택입니다. 내 머릿속에 기분 나쁜 것들을 불러들이지 말고 기분 좋은 것들만 초대하는 것이 즐겁게 사는 아주 간단하고 좋은 방법입니다.

마음 일기

TIP

나를 기분 좋게 해 주는 것들의 목록을 만들어 보세요. 그리고 기분이 나빠질 때마다 그 목록을 읽어 보세요.

55Day 단장

깔끔하게 살자

🌼 묵상

미국의 의사 존 픽이 1948년 학술지에 얼굴을 성형한 죄수 376명을 추적 관찰한 결과를 발표하였는데, 1% 정도만 재수감 되었고 대부분 사회생활에 잘 적응하였다고 합니다. 성형을 하고 나면 다시 태어난 듯해 과거를 버리고 새롭게 살고 싶은 욕구를 느껴 범죄를 저지르지 않으려고 애썼다고 합니다. 그렇다고 우리가 얼굴을 고칠 필요는 없습니다. 환경 성형을 해도 효과는 비슷합니다. 사람의 마음은 작은 변화로도 달라집니다. 대체로 심리적 문제를 가진 사람은 자기를 가꾸지 않습니다. 외적으로 다듬고 가꾸지 않으면, 내적으로도 황폐해집니다. 그래서 그들에게 옷을 단정하게, 좋은 것으로 입으라고 권하지요. 외적인 것이 달라지면 내면도 달라지기 마련입니다.

어떤 공장에서 작업 효율을 높이려고 독일인 기술 고문을 초

대했습니다. 그는 "매일 공구를 정리 정돈하라."고 지시했지요. 기술자들은 귀찮다며 짜증을 냈지만, 시간이 지나자 일 효율이 20%나 상승했습니다. 일하다 공구를 찾는 데 걸리는 시간이 줄었기 때문입니다. 일상생활도 마찬가지입니다. 짜증이 심하거나 우울과 불안에 시달리는 사람은 인생에서 중요한 것과 중요하지 않은 것을 구분하지 못하는 경우가 많습니다. 그러니 자신이 가장 먼저 해야 할 일과 나중에 해도 되는 일을 정리하여 목록을 만들어야 합니다. 전쟁터에 나가는 군인들이 장비를 잘 챙기며 준비하듯이 인생도 그렇게 살아야 합니다.

 마음 일기

 TIP

삶에 자부심을 가지면 단정하고 품위 있는 옷을 입고 일합니다. 그들은 사람들에게 신뢰를 받기에 인생에서 성공할 확률도 높습니다. 그러니 하루에 한 번 이상 자신의 외모를 점검하기 바랍니다.

56 Day

걷기

걸으면서 풀린다

묵상

일본의 사회학자인 모리 박사에 따르면, 화가 나는데 사람들 앞에서 화를 낼 수는 없고 참자니 힘들 때는 걸어가면서 속을 풀어야 한다고 말합니다. 작은 소리로 구시렁거리는 것인데 그렇게만 하여도 속이 풀린다고 합니다. 그렇게 걸으면서 욕하는 것이 일종의 분노 해소법, 심리 치료법이라는 것을 처음 알게 되었습니다. 처음에는 그게 효과가 있을까 하고 반신반의했지요. 그러던 어느 날, 스트레스를 심하게 받은 밤에 동네를 걸으면서 한번 해 보았습니다. 한 30분 걸으면서 풀었더니 속이 편안해졌습니다. 그래서 그 후로는 스트레스를 받으면 참거나 삭이지 않고 걸어가면서 구시렁거리며 풉니다.

욕을 입에 담지 않고 사는 사람은 마음에 품고 삽니다. 그런데 이렇게 사는 이들은 신경증적인 부작용이 적지 않습니다.

우선 얼굴 근육이 굳은 경우가 많습니다. 하고 싶은 말을 못 하고 억누르고 살면, 감정이 드러나는 것을 감추기 위해 얼굴 근육을 사용하지 않아 늘 굳은 표정으로 다니게 됩니다. 또한 마음 안에 분노를 키우면 눈에 살기를 띠게 됩니다. 그래서 이들은 웃을 때 입은 웃는데 눈은 웃지 않는 경우가 많습니다.

신체 건강에서 중요한 것 중 하나가 배변입니다. 마찬가지로 정신 건강에서 중요하게 여기는 것은 감정 해소입니다. 배변이 안 되면 일상생활이 어렵듯이 감정 해소가 안 되면 '똥 마려운 강아지'처럼 살기 십상입니다.

 마음 일기

TIP

감정 해소가 안 되면 일상생활이 힘들어집니다. 스트레스를 받았을 때, 내가 편안하게 실천할 수 있는 나만의 해소법을 여러 개 만들어 보세요.

57 Day

공상

몸과 마음이 지쳐 갈 때 필요한 것

 묵상

　백수들은 돈이 없어 밖에 나갈 엄두가 안 납니다. 그래서 하루 종일 집 안에서 공상을 합니다. 그 모습을 보는 부모님은 역정을 냅니다. 무의미한 시간을 보낸다고 생각하기 때문입니다. 그러나 의외로 공상은 심리 치료 효과가 있습니다. 백수들이 건강한 경우가 있다면 공상 덕분입니다. 공상을 오래 하면 그것이 현실처럼 여겨져 심리적 건강을 유지할 수 있습니다.

　공상은 우울증 치료와도 깊은 연관성을 갖습니다. 미국의 작가 윌리엄 스타이런은 "우울증은 누구나 걸릴 수 있으며 원인을 모르는 경우도 많다."라고 말했습니다. 또한 우울증에 걸린 사람은 좀비처럼 걷고 말할 수는 있지만 진정한 인간으로는 살아가기 힘들다고 자신의 이야기를 털어놓았습니다. 이런 환자들이 공상을 하면 스트레스가 쌓인 몸의 긴장이 풀립니다. 또

피로 물질 분비가 적어지며 재충전이 됩니다. 그래서 우울하거나 불안할수록 즐거운 공상을 하는 것이 좋습니다.

  어린 시절에 가난한 집에서 살았어도 마음껏 공상을 한 아이들은 건강합니다. 메마른 삶을 산 아이들은 영혼 없는 어른이 되어 갑니다. 나이 들어 공상을 하면 나잇값 하라고 꾸짖는 사람들이 있는데, 그런 사람들은 현실적인 삶을 산다고 자부하지만 내적으로는 황폐하기 이를 데 없습니다. 공상은 메마른 사람에게 오아시스 같은 것입니다. 몸과 마음이 지쳐 갈 때야말로 공상이 필요합니다.

 마음 일기

눈을 감고 내가 가고 싶은 곳을, 내가 만나고 싶은 사람들을 상상해 보기 바랍니다.

일상에 생동감을 불어넣기

58Day

놀이

장수의 비법

 묵상

엄격한 종교인들은 노는 것에 거부감을 갖습니다. 논다는 것을 할 일 없는 사람들이나 하는 것이지, 성공하는 사람들이 할 행동은 아니라고 여기는 것입니다. 그런데 현실은 다릅니다. 성공하는 사람은 일도 열심히 하지만 놀기도 잘합니다. 그들은 일하고 나서 지친 심신을 재충전하기 위해 노는 것입니다.

놀이는 인생에서 중요합니다. 놀지 못하는 사람은 재미가 없어서 사람들이 멀리합니다. 또한 놀이는 내적인 힘을 키우는 데 중요한 기능을 합니다. 놀이를 통해 감정이 살아나고, 삶에 민첩성이 생기며, 담대한 마음을 기를 수 있습니다.

특히 놀이는 심리 치료에도 중요합니다. 우울증이나 불안증 같은 증세들은 실컷 놀고 나면 많이 좋아집니다. 행복을 만드는 요인의 50%는 유전자(교육), 10%는 소득(환경), 40%는 사람들의 인생관(각종 활동, 대인 관계, 우정, 일, 공동체 활동, 운동, 취미생활)이라고 합니다. 일단 기본적인 욕구가 충족되면 돈이 있다고 인생이 더 행복해지지 않습니다. 6개월 동안 일주일에 3회, 20분간 운동을 하면 전보다 10~20%는 더 행복해집니다. 타인과 꾸준한 관계를 유지하는 사람이 외로운 사람보다 더 행복합니다.

때로 다른 사람들이 자기를 행복하게 해 주지 않는다고 불평하는 사람들이 있습니다. 맛있는 음식을 먹으려면 스스로 찾아 나서야 합니다. 꾸준히 시간을 내어 사람을 만나 놀며 심신을 행복하게 충전하도록 합시다.

 마음 일기

TIP

행복은 주어지는 것이 아니라 만들어 가는 것입니다. 내가 어떤 사람과 어떻게 놀 때 행복한지 곰곰이 돌이켜 보세요.

59 Day

미소

돈 한 푼 안 들이고 베푸는 사랑

 묵상

어떤 자매님이 "다른 사람들에게 사랑을 베풀려면 어떻게 해야 하나요? 저는 가진 것도 별로 없고 바빠서 봉사도 못 하거든요."라고 물었습니다. 다른 사람들에게 베푸는 사랑 중 돈 한 푼 안 들이고 내어 줄 수 있는 사랑은 미소입니다. 미소는 사람을 아름다워 보이게 하고 편안하게 해 줍니다. 별것 아닌 것 같은 미소가 사람의 마음을 무장 해제시키는 이유가 무엇일까요?

심리학자들은 미소가 인간의 진화 과정에서 아주 중요한 역할을 했다고 합니다. 사람들 간의 결속력을 강화시키는 비언어적 방법으로 발전해 왔다는 것입니다. 사람들은 미소 짓는 사람을 만나면, 경계심과 적대감을 갖지 않을 뿐 아니라 긴장을 풀고 편안해합니다. 적개심이 없다는 것을 보여 주는 징표 중 유일하게 신뢰할 수 있는 것이 미소입니다. 특정 상황의 분위기를 다른 방향으로 바꾸는 힘을 갖는다는 것이지요.

 공동체가 어떤 상태인지를 알려면 '그 공동체 사람들이 얼마나 자주 미소 짓는가'로 살펴볼 수 있다는 말은 허언이 아닙니다. 구성원들이 자주 미소 지으면 건강한 공동체입니다. 본당 신부님의 얼굴에서 미소가 떠나지 않으면 본당에 늘 신자들이 머물고, 본당 신부님이 늘 인상을 쓰면 그 본당은 사막처럼 되어 버립니다. 그만큼 미소의 힘은 대단합니다. 미소 짓는 것이 습관이 되려면 나를 기분 좋게 하는 사람들을 자주 만나는 것이 좋습니다. 좋은 친구들은 나를 미소 짓게 하기 때문입니다.

 마음 일기

TIP

기분 좋은 날에도, 기분이 좋지 않은 날에도 거울을 보고 미소 짓는 시간을 가져 보세요. 억지로라도 미소를 지으면 기분이 좋아질 것입니다.

일상에 생동감을 불어넣기

60Day

자기애

마음의 그릇이 크고 건강하려면

🌸 묵상

　마음의 건강함을 어떻게 알 수 있을까요? 대인 관계를 보면 금방 알 수 있습니다. 사람들이 다가가는 이는 마음이 건강하고, 사람들이 기피하는 이는 아무리 돈이 많고 지위가 높아도, 아무리 바른말을 한다고 하더라도 마음이 건강하지 못합니다. 그렇다면 마음의 건강함은 어떻게 만들어질까요? 그것은 자기 마음을 어떻게 다루는지에 달려 있습니다. 자기 마음을 미워하고 함부로 대하면 다른 사람들에게 미운 짓을 하게 되어 비호감의 대상이 됩니다. 자기 마음을 이해하고 보듬고 다독이면 마음이 건강해집니다. 즉 사랑이 마음 건강과 인간관계의 필수 요건이라는 것입니다. 간혹 사람을 기피하는 분들이 있습니다. 사람을 만나면 피곤하고 시간 낭비이니 차라리 혼자 지내겠다 하는 분들이지요. 안타깝게도 이런 분들은 치매에 걸릴 확률이 상당히 높으니 조심해야 합니다.

어떤 영성가가 말하기를 사람을 만나는 것은 여행하는 것과 같다고 합니다. 여행을 많이 다니며 다양한 체험을 한 사람들이 사람에 대해 깊이 이해하는 것처럼 사람을 많이 만나서 대화한 사람들은 마음의 그릇이 크고 건강합니다. 마음이 건강하면 현재 결과에 만족하면서도 발전 지향적으로 살아갑니다. 새롭고 더 나은 것을 추구하면서도 욕구를 충족하고, 행복감도 느낄 수 있습니다. 나를 사랑하고, 타인과 만나 살아가면서 내 마음이 더 건강하게 확장되는 체험을 할 수 있기를 바랍니다.

 마음 일기

 TIP

나는 내 마음을 어떻게 다루고 있나요? 잘 이해하고 보듬어 주고 다독여 주고 있나요? 내가 만나는 사람들은 어떤 사람들인가요? 나는 그들에게 어떤 사람들인지 생각해 봅시다.

❀ 지난 60일 동안
내 마음을 돌아보며 어떤 감정을 가장 많이 느꼈나요?

❀ 일기를 쓰며 내 삶에 어떤 변화가 있었나요?
혹시 새롭게 깨달은 점이 있나요?

❀ 오늘의 나에게,
나를 더 아끼고 사랑하자고 이야기해 주세요.